一件蓝马甲

关注数字时代的银发群体

蓝马甲志愿者　编

北京时代华文书局

图书在版编目（CIP）数据

一件蓝马甲 / 蓝马甲志愿者编 . -- 北京 : 北京时代华文书局 , 2023.11
ISBN 978-7-5699-5057-1

Ⅰ . ①一… Ⅱ . ①蓝… Ⅲ . ①移动电话机－中老年读物②电信－诈骗－鉴别－中国－中老年读物 Ⅳ . ① TN929.53-49 ② D669.8-49

中国国家版本馆 CIP 数据核字 (2023) 第 188559 号

YI JIAN LANMAJIA

出 版 人：陈　涛
策划编辑：周　磊
责任编辑：周　磊
责任校对：陈冬梅
装帧设计：程　慧　迟　稳
责任印制：訾　敬

出版发行：北京时代华文书局 http://www.bjsdsj.com.cn
北京市东城区安定门外大街 138 号皇城国际大厦 A 座 8 层
邮编：100011　电话：010-64263661　64261528
印　　刷：河北京平诚乾印刷有限公司
开　　本：710 mm×1000 mm　1/16　　成品尺寸：170 mm×240 mm
印　　张：11.5　　字　　数：133 千字
版　　次：2023 年 11 月第 1 版　　印　　次：2023 年 11 月第 1 次印刷
定　　价：58.00 元

引　言

“蓝马甲”的诞生始于一个提问。

2020年，在蚂蚁集团的内网上，一位员工描述，他在书店里找不到一本帮助老年人融入数字社会的书。

谁来帮助老年人了解和适应“新世界”？

这不只是他一个人关切的问题。随着老龄化程度加深，整个中国社会都在面临这个问题。老年人跟不上的“新世界”里各种技术推陈出新的速度，他们看不懂各种新技术；尽管社会各界都在加大防诈骗知识的宣传力度，但新的诈骗手段层出不穷，他们容易上当。在老年人和“新世界”之间，横亘着一道数字鸿沟。

在这个背景下，蓝马甲行动于2020年9月启动。我们走进老年群体中，去他们所在的社区，开展助老防骗讲座，开设老年课堂，告诉他们，“手机不会用，安全防诈骗，就找‘蓝马甲’”。

随着接触的社区越来越多，我们不断印证猜想：老年人渴望走进数字生活，他们不只是缺少能慢下来耐心教他们的援手，更需要用他们容易理解的说法告诉他们相关的知识和技能。

“人人都是‘蓝马甲’”，是蓝马甲行动的理念。三年来，越来越多的人成为蓝马甲行动志愿者（以下简称“蓝马甲志愿者”），尤其是那些在老人身边的人。在每周的固定时段，他们在服务驿站里提供全天候解答服务，在数字生活体验点引导老人，把助老服务“规模化”。后来，我们又联合了更多机构援手“云助老”，提供线上学习资源，在政务APP（移动互联网应用程序）开设助老专区，为老年人推出专属的支付宝“长辈模式”和“暖洋洋专线”服务……想了一个个“笨办法”，教“老同学”们。

当一个个普通人做出一些微小的行动，更大的改变发生了。来自政府、媒体、公益机构等各界人士陆续加入，提供了更多专业支持。2023年5月，一辆大篷车从上海出发，沿着长江，行驶数千里，在村庄里开设“板凳课堂”。老人们骑着“小电驴”，抱着孙子来上课，兴致高昂。

这本书讲述了这些穿着“蓝马甲”的普通人的故事。他们是反诈民警、社区工作人员、学生、各地的公益工作者、浙江蚂蚁公益基金会的员工、支付宝的客服，以及老年人自己。

一位当过小学老师的社工，在甘肃武威市民勤县一个沙漠旁的小镇里教老年人学会使用智能手机，对抗漫长的孤独时光。

在长江的一座江心洲——江西九江的棉船岛，一位“00后”大学生跟随大篷车来到这座“老人岛”，搭建了一座连接外部世界的“桥”。

在浙江杭州，一位80岁的银发奶奶和她的“老伙伴”组建了一支摇滚乐队，点亮了生活，也开启了他们帮助同龄人的志愿服务工作。

…………

这本书也记录了各种助老的“笨办法”。蓝马甲行动已经持续三年了。在行动中，我们探索了“技术+服务”的公益新模式。对于如何帮助老年群体跨过数字鸿沟，本书可以提供一份参考。我们相信，技术不仅应该更好地帮助人们解决生活中根深蒂固的难题，还应该解决发展进程中的种种新问题，弥合数字鸿沟，惠及更多人，增进民生福祉。

这也是我们的愿景：每个人都能穿上“蓝马甲”，帮身边的老人在数字社会找到属于自己的位置。

浙江蚂蚁公益基金会秘书长

王晓晶

目　录

第一部分　一群“老同学”

第二部分 一些“笨办法”

蓝马甲

第一部分

一群“老同学”

一　一位“00后”，和他的一万名“老同学”

50岁时，从两个女儿那里，束仁芳第一次确认了自己开始变老的事实。

那一年，岛上的棉花价格越来越贱，岛民们陆续外出，寻找生计，他也动了心思。他搭公交车，再上渡船，花一个多小时抵达彭泽县的工业园，那里有流水线的活计。但两个女儿阻止了他。她们一个在深圳，另一个在上海，都劝他，已经没什么工厂会要50岁的农民工了。

失落感涌上了束仁芳的心头，外面的世界已经变了。他留在了岛上，种地，打零工，日子如逝去的流水。转眼就到了2023年，他69岁了，更老了，这座岛也老了。

“这确实是一座老人岛了。”年轻人留在外面生活，把孩子也带走了，岛上的学校一所接一所关闭。虽然小岛的户籍人口超过3万，但实际常住人口只有6000多。老人们开玩笑说，岛上最年轻的人也已经60岁了。

▶ 上棉船岛需要搭乘轮渡

这座岛叫棉船岛，隶属于江西省九江市彭泽县，位于江西最北端。它像一叶扁舟，漂浮在长江下游的江心。岛上的人们需要乘坐渡船才能出岛。

如果不是跟着“蓝马甲大篷车”长江公益行队伍抵达这里，“00后”大学毕业生倪江南很难知晓这座岛的存在。他是湖南人，在江西上了四年大学，此前不曾听过它的名字。入伏前，他走访了这里的12座村庄，给老人们上课，教他们怎么使用手机，普及防诈骗知识。

你知道老人的手机里有什么APP吗？

在登上棉船岛前，这辆蓝色的大篷车已经行驶了数千里。从

2023年5月初开始，它从上海出发，沿着长江，走进安徽、江西等六省市的村庄和社区。倪江南和志愿者们通过智能手机课堂和寓教于乐的“反诈集市”，手把手地教老人们如何识破骗局。

▶ 大篷车在路上

智能手机课堂一般开设在村委会的活动室里，老人们骑着“小电驴”来上课，还有个别老人抱着孙子就来了。四五十个座位很快就被填满了。这座岛缺少客人，尤其是年轻的来客，听说有年轻人要给自己上课，老乡们呼朋引伴来凑热闹。

倪江南是志愿者中最年轻的一个，总是笑吟吟的，耐心又细致，尤其受老人们喜欢。“遇到被骗的情况，大家知道打什么电话吗？96110——”他高扬声调，举起手中的扇子，像教孩子一样用夸张的动作调动课堂气氛，“我们给你们发的扇子后面都有这个电话。”老人们哄堂大笑。

束仁芳是岛上最捧场的“老同学”。在被问到谁想让志愿者帮忙安装国家反诈中心APP时，他第一个举起了手。倪江南一眼就辨认出了，束仁芳是愿意大方表现出自己好奇心的那一类“同学”。自从2022年做蓝马甲志愿者后，倪江南跟着大篷车陆续走访了360多个社区、村庄，认识了上千位“老朋友”，知道束仁芳这样的老人是少数。

更多老人仍然小心翼翼，他们的智能手机在多数情况下，只在他们和子女视频通话的时候才被使用。他们的智能手机也只放在家里，连上Wi-Fi（移动热点）才用，因为他们担心流量使用多了以后会被扣费。一位老人因为被扣了100多元流量费，吓得把手机锁进了柜子。

在“老人岛”上，很多老人都有两部手机，“老人机”用来接打电话，智能手机则是“Wi-Fi专属”的。即使有智能手机，有的老人出门也不带。他们和子女形成默契，只在早晚通电话。

“在整座岛上，接触互联网的老人真的太少了。”相比起倪江南在城市社区及其他村庄遇见的老人，“老人岛”上的老人格外“朴素”。在“反诈集市”门口，一对年近八十的夫妇被问道：“你们知道抖音和微信吗？”他们摆摆手，说完全不知道那是啥。

只要是和钱相关的手机操作，老人都会非常紧张。一些偏执的想法与偏见在老年群体中流行，比如一定不能点开直播间，如果点开了就要被骗钱，即使他们的手机里没有任何APP绑定了银行卡，微信钱包里也没有钱。

在入户走访的过程中，倪江南发现，“老人岛”的老人有限的“触网”也极具空巢特色。不少老人的手机里装着一个图标为橙黄色的APP，那是一款流行于农村的远程监控APP。在岛上，半数人家都安装了监控设备，以便在外的家人通过监控设备关注老人的情况。一个叫亲宝宝的APP被安装在一位农村老人的手机里。打开亲宝宝APP，这位老人可以随时看到自己生活在深圳、南昌的三个孙子、孙女的生活动态。

但在最近两三年，岛上“刷”短视频的老人多了起来。岛上流行起一句话，“小的低头，老的也低头”。倪江南入户访问的一对年近八十的夫妻在最近两年成了短视频相关APP的深度用户。只要不干农活，丈夫就会盯着小小的屏幕，上划，又上划。算法熟悉了他的喜好，为他密集推荐农村题材的短剧。即使已经快80岁了，这位老人还经常骑着摩托车，乘渡船去县城看望他的

▶ 一位老人手机里监控APP的画面

好友。妻子的关注列表里排在最前面的是“安徽省黄梅戏剧院”，她年轻时是唱黄梅戏的好手，经常在周围的村子里登台表演。

两部智能手机是外孙女用工作后第一个月的工资买的。她还帮他们各发了一条朋友圈动态，用的照片是14年前他们补拍的结婚纪念照。那一年，小儿子在南京结婚，他们难得出了一次远门，和儿子、儿媳一起在照相馆拍照留念。照片被收藏在一个饼干盒里，当有客人来访时，他们会郑重地拿出分享。

这是他们各自唯一的一条朋友圈动态。这位新潮的爷爷还在这条朋友圈动态下留言：望大家多多点赞。他的一位侄儿回复：老帅哥和资深美女。和他们一样，岛上其他老人的微信通讯录里，大多只有10多位好友，分别是他们的亲人和后辈，75岁以上的老人鲜少出现。

这印证了倪江南此前对老人群体的观察结论：老人不是不想学习，他们的兴趣爱好也很广泛，当拿起智能手机后，他们可能就跨越了一个时代。

每天，倪江南和其他志愿者会在村庄里搭建“反诈集市”，通过“反圈套比赛”“防骗跳格子”等游戏向老人们普及防诈骗知识。一位老人被问道：“你有学智能手机的需求吗？”

老人回答：“我想学啊，你教我吗？”

“是不是你的孩子们都很忙，你不好意思麻烦他们？”面对志愿者的提问，老人的眼神暗淡下去，陷入沉默。许久，他嘟囔了一句：“他们忙得不得了。”

倪江南熟悉这样的心思。面对新事物，老人虽然跃跃欲试，但因为不好意思麻烦子女，就把这份心思偷偷藏了起来。

束仁芳是难得的主动求新的老人。他向倪江南这位“小老师”展示了自己的手机，自得地介绍，自己从应用商店下载了一个听书APP，边干农活边听书。

少年时，束仁芳酷爱读书，但因为家境贫寒，五弟出生后无人照看，他就此辍学，但读书的念头仍在心里藏着。他在村里到处找书看，去南京打工时也从书店收集了一些打折书。但那些被他视作宝贝的书，被妻子在一次收拾东西时当作破烂扔了。两个女儿也不知道父亲的这个爱好。

束仁芳只关注了一个微信公众号，是一家净水器企业的微信公众号。每天，收到这个微信公众号推送的文章，束仁芳都会点开看看。两年前，他买了一台这家企业生产的净水器，产品说明书上有个二维码，他学着扫描二维码，点了关注。这也成了他为数不多的连接外界的信息渠道。

需要一座桥的“老人岛”

回忆这座岛是什么时候开始变老的，岛上的老人都提到了棉花。

那应该是2010年前后，棉花的价格已经降到了一斤四元，岛民都忧心忡忡。在前一年，棉花的价格降到一斤六元时，他们以为棉价已经够贱了。

棉花的价格落到了谷底，宣告这座岛给予岛民丰厚馈赠的时代彻底画上了句号。棉船岛的名字里带一个“棉”字，正是因为长江水浸润，这里土地肥沃，盛产棉花，岛民一度以种棉花为生。

束仁芳是9岁时跟着父亲，从安徽移民来这里的。20世纪50年代，安徽桐城、巢湖一带的百姓渡江而来。小岛逐渐聚人、兴旺，世纪之交是小岛最兴旺的时候，常住人口一度达到5万。

在老人们的回忆中，那是个人声鼎沸的年代。当时，岛上的12座村庄都有学校，学校里满是孩子。

作为支柱产业的农业逐渐衰落，岛上又缺乏工业，岛民开始外出。那是这座岛由盛转衰的节点，在随后的20年里，叠加城镇化的巨浪，岛上的人口、经济和心气，都在逐渐下滑。

束仁芳有过两次外出打工的经历。第一次是在1988年，岛上破圩了，他去南京当管道工，满城铺设水管。那年，他才34岁，年富力强，下了工，他骑着车从南京的一个城门飞驰向另一个城门，迎着风咧嘴笑。

第二次是在1998年，长江发生全流域性大洪水，他又去南京找生计。水管公司已经换了一批人，没人认识他了。南京城也变成了一个巨大的水泥森林，高架桥、楼房林立。他迷了几次路，灰溜溜地回家了。

他想第三次外出的念头刚冒出来，就被女儿掐断了。他住的大堤上这一排房屋，各房各户的年轻人都出去了。留在村里的老人每年种点豆子、芝麻、棉花，有小贩会在收获时节上岛来收购，但种地的收入仅够糊口。

外面的世界日新月异，小岛却像被按下了慢速键。年轻人和孩子越走越多，房子逐渐空了四分之三。整座岛的生活节奏逐渐顺应了老人的作息时间。晚上八点，街市的灯火已经暗了，整座岛进入睡眠时间。早上五六点，太阳初升，集市已经喧腾。这让岛上年轻的公职人员感到难以适应。岛上只有两家超市，没有电影院，没有地方喝咖啡。岛上唯一一家接近城市消费习惯的炸串店，是一位返乡的“80后”开的，可以营业到晚上九点半。

旅馆的“旺季”跟随坏天气到来。因为天气不好的时候，老年人容易因为缺氧而过世，治丧的子女会在此时住满宾馆。

“长江是一道天堑。”和其他老人一样，束仁芳常说，这座岛需要一座桥。棉船岛的上游是“长江绝岛”小孤山，南岸与长江天堑马当矶对峙，这座岛四面环水，孤悬在江水之中。

如果有桥，交通方便了，人愿意回来，经济和消费也能红火一些。

前两年，时兴的社区团购也曾进驻棉船岛，取货点在镇上最大的一家超市。在外的儿女们为父母下单，选购岛上吃不到的果蔬。但“老人岛”独处一隅，送货要绕远路，试行半年后，平台考虑成本，取消了这个取货点。

这座岛好像在数字社会掉队了。在超市付款时，现金支付的笔数比数字支付更多。独居的老人隔几天来采购一次食物，他们会写一个单子，采买后依次画钩。住在岛那端的老人在炎夏的正午，要颤颤巍巍地走一个小时才能抵达超市。

岛上唯一一家快递取货点的老板对此深有所感。每天，她都超负荷工作。这里状况百出，老人们对电商和物流系统没有概念，当被孩子告知购买了商品后，他们第二天早上七点就来了。她要向他们解释，商品要过两三天，经过空运、陆运到达岛外的货运站，再由岛上的货车乘渡船去取，才能抵达岛上。

有时，老人记不住自己的电话号码，找不到货物，就会在快递取货点发脾气，说："我都说了不让孩子买，他非买。"老板懂得老人发脾气的原因，"觉得自己连取快递都不会"，丢了面子，老人就会生气。

出岛去大城市时，老人的这种落后感更明显。去深圳看女儿的邻居回家后告诉束仁芳，大城市都不用现金了，他去坐地铁，找了好几个年轻人帮忙才买了一张地铁票。回岛后，邻居让孩子发了个微信红包，这样微信钱包里就有钱购买一张地铁票了——邻居也不敢在微信钱包里多存钱，怕被骗。

倪江南觉得，这里的老人处于一种孤绝的生活状态，没有什么娱乐活动，"文化生活贫瘠"。在有场地的大村落，老人们还能打打门球——一项慢节奏的老年体育运动。在束仁芳住的村子，老人们晚上的活动是从堤上的一个三岔路口走到另一个三岔路口。在长江禁渔期，连钓鱼这项娱乐活动也被禁止了。

这让倪江南理解了"老人岛"上的老人防骗意识淡薄的原因。他们比外面世界的老人更没有戒心。在一个"反诈集市"上，一位老人递过来手机，问倪江南怎么能把钱转到银行卡里，老人的微信钱包里面有8万多元，他直接把微信钱包的支付密码告诉了倪江南。

倪江南说："这还是因为岛上的年轻人太少了。"如果年轻人多，经常说一些社会新闻，岛上老人的防骗意识就会慢慢增强，"因为他们从外界获得的信息太少了"。

这让倪江南更理解大篷车一路远行的意义——像棉船岛上12座沉默的村庄一样，在无数这样的村庄里，老人们和外界之间横亘着一条数字鸿沟，它很醒目，但多数时候乏人问津。"那些村庄也像一座座'老人岛'。"通过省、市、县、乡、村五级联动，志愿者们像机动的前锋支队，尝试打通助老公益的"最后一公里"。

"老年人使用智能手机后就会产生很多兴趣爱好，他们就可以从'老年人的时代'走进'年轻人的时代'。"倪江南想帮老年人启动这个开关。

为"老人岛"摆渡的年轻人

在上课或在集市上宣讲时，倪江南总是很卖力。他几乎把宣传图册硬塞到老人手里。一堂课或一次活动的作用有限，但这些东西被一个老人带回家，就可以被更多老人看到，"也许我们的间接受众有很多"。

持续一年做防诈骗知识宣讲工作，他已经慢慢摸清了"老朋友"的脾性。一开始，他们往往很自信，总觉得自己不可能受骗，会说“一提到转钱我就挂电话”“我没有钱，不会被骗”。

但只要骗子给出一些优惠或便宜，比如免费送东西，并连续几天接触，老人往往就会放松警惕。

在“老人岛”上，倪江南发现几乎每个村庄都有老人买了质量低劣的净水器。一位老人连续购买三台净水器，分别花了460元、3200元和2500元。这些净水器粗制滥造，用了个把月就坏了。但下一次有人支摊，说买净水器送双头燃气灶、油烟机和一个小小的挂式空调，只要几千元。这位老人又会抱着侥幸心理，觉得上次运气不佳，这次肯定会交好运。

“老人们如果有贪小便宜的心理，下次就还会受骗。”觉得占到便宜的老人会热心地呼朋引伴，将骗子推荐给其他老人。岛上一位被骗的阿姨用“阿Q精神”安慰自己，“邻居被骗了2500元，我才被骗了1000元”。当天，她还留骗子在家吃了一顿丰盛的午餐。

有一次，倪江南和他的伙伴在下乡宣传时碰到了一伙使用类似伎俩卖油烟机的骗子。倪江南他们义愤填膺，冲上前去，质问骗子：“你们骗老人，走夜路不怕被打吗？”

两伙人在路口形成对峙之势。对方以为倪江南他们也是骗子团队，反说倪江南他们没把老人放在心上：“你们的传单没递到老人手上，还要让他们弯腰去捡。”此时，一位老人帮倪江南他们壮势，说这是掉在地上的防诈骗传单，他想捡起来学学。

在那个时刻，倪江南感觉到自己和老年群体有了一种真正的联结。

另一位触动倪江南的老人，是一位70多岁的阿姨。年轻时，她独自养育女儿，艰辛异常。最近，她存在银行卡里的几万元养老钱不翼而飞。她对着倪江南抹泪，说自己不敢告诉女儿这件事。

倪江南从小跟着外公、外婆长大，阿姨的眼泪让他想起了外婆。那几年，倪江南的外婆也“肉眼可见”地变老了。在给她洗头时，倪江南能觉察到她的头发越来越硬的质感。

后来，倪江南想了很多办法，帮阿姨报警，查找线索，最终追溯到这笔钱丢失的源头是有一次，她在路边收到的送小礼物的卡片。扫了卡片上的二维码后，她不明就里，填了一些信息，钱就被转走了。最终，警察帮阿姨把骗子找到了。

倪江南觉得，老人们既有被骗的羞辱感，还有自主意识，觉得自己花钱子女管不着。倪江南说：“老年人对互联网的认识有‘信息差’，对自己认定的事情又很固执，更重要的是，他们缺少陪伴。”那位受骗买了三台净水器的老人说，自己买净水器，是为了儿子和孙子回家时，能喝上好水，他不想买净水器还要麻烦他们，因此就自己拿主意了。

在束仁芳身上，倪江南看到了这种孤独感。束仁芳的女儿们总是很忙，尤其是在上海做设计工作的小女儿。回了家，她多数时间也是躲在房间里玩电脑，和他交流很少。束仁芳眼里的失落感，倪江南在外婆眼里也见过。外婆玩不转微信，一次又一次来询问倪江南，倪江南却因为玩游戏不耐烦搭理她。那时，外婆脸上也出现过类似的表情。

束仁芳告诉倪江南这位“小朋友”，2022年，束仁芳的一位老伙计去世了，只有74岁，那是秋收后的时节，勤快的老人低着头扫地，突然一下栽到地上就走了。2023年，另一位独居的老伙计白天还和束仁芳一起打麻将，晚上就在睡梦中离开了。

两位好友接连去世，让束仁芳的孤独感像浩茫的江水，弥散开来。

或许讲台下的老人们都有类似的心态，他们喜欢热闹。在倪江南他们到访的一个村子里有180位留守老人，其中50位来参加活动，把课堂挤得满满当当。

老人需要排解孤独感。“参加蓝马甲行动后，我对老年人最直观的感受就是‘孤独’。”倪江南投入了更多心力在授课上。学会了使用一个新APP后，老人总喜欢夸他：“小伙子很好。”现在，经过倪江南指导，70多岁的外婆已经能熟练使用智能手机，会“刷”短视频、玩游戏了。

二 在沙漠旁的小镇，一场对抗孤独感的战斗正在进行

习惯孤独。

习惯生活的弹性被逐渐风化，变得干燥又松弛，而关于世界的定义开始慢慢缩小，从县城逐渐变成乡镇，最后稳定在漫长的冬季里，一起蹲在南墙根下晒太阳的沉默；一切开始变得熟悉，不爱看电视，也不会用智能手机，没有外来者，子女已远泊他乡，收音机和村头大喇叭里的新闻成为唯一的外界消息来源；再之后，孤独成为习惯，不再为此苦恼，习惯了失去与逝去，甚至习惯被遗忘。

这并不是城里的人们时常看到的老年生活，却是甘肃许多农村里日常孤独生活的写照。

在武威市民勤县当过小学老师的张霞很熟悉这种情况，她已经习以为常了。2021年，她到西渠镇社会工作服务站应聘的时候，面试官看中了她的这段经历，认为她很适合助老社工的工作，最终选择了她。她所应聘的西渠镇在民勤县也算偏远。在

西渠镇的33个自然村里居住的，几乎都是留守老人和儿童，在常住人口中，60岁以上的老年人占总人口的比例超过六成。有些乡村，只有一趟通往县城的公交车。智能手机其实不算稀罕物件，但对于不会使用智能手机的老人来说，智能手机和板砖也没太大区别。

张霞，成了一位闯入者。

成为社工

2022年春天，张霞进村给老人提供服务。按照地图APP指引，她的车开到了一个沙丘前面，“前也没路，后也没村”。掉头又开了几公里，她才找到一户人家。她跟着农户走在乡间小路上，一脚踩下去，松软的沙土没过了脚脖子。

民勤县位于腾格里沙漠和巴丹吉林沙漠之间，是我国荒漠化最严重的地区之一。县域三面环沙，沙漠和荒漠化土地占全县面积的90%以上，民勤县也因此成为北方地区最大的沙尘暴中心和起源区之一。

位于民勤县北部的西渠镇，则是最靠近腾格里沙漠和巴丹吉林沙漠的一块绿洲。在西渠镇的土地上，“就不可能聚起任何水潭，更别说湖泊了，不可能有的”。西渠镇社会工作服务站站长王子琪说，外面时兴的“给老人洗澡”的社工项目在这里也推广不起来，因为缺水，这里的老年人没有洗澡的习惯。

驻守在镇上，"孤独"已经不是一种形容词，而成为一种常态化的名词。在物理意义上的沙漠之外，沙漠中的小镇也是互联网和现代生活的沙漠。

沙漠中的小镇留不住年轻人。张霞说，在村里几乎看不到50岁以下的居民，44岁的她已经是镇上难得一见的"年轻人"了。

在村里，有些店铺开着开着就倒闭了，因为没有年轻人。款式时髦的衣服、鞋子都卖不动，能留下来的只有售卖大红大绿的、面向高龄老人服装的店铺。年轻人喜欢的奶茶店、快餐店、娱乐场所，西渠镇统统没有。

如果不是因为工作，张霞也不会来到西渠镇。2021年，她重新开始找工作的时候，刚好遇上西渠镇设立社会工作服务站，于是，她成了一名社工。

一开始，谁都不清楚社工到底要干啥。镇上的老人们不理解，张霞本人也不理解。站长王子琪需要定期到西渠镇下辖的33个村里去做知识普及宣传。有时候路上遇到有人问，她也会趁机跟人解释："社工就是为大家服务的，你们有啥需要解决的问题都可以给我们打电话。"

很多人没听懂确切的意思，却知道可以打电话求助。某个周日上午，一位80岁的独居老人给张霞打来电话："我感觉头很晕，身体不舒服，你们能不能来照顾我一下？"张霞赶紧联系了老人的弟弟，第一时间把老人送到医院。在了解到老人无儿无女、打了一辈子光棍儿之后，张霞又联系了民政局，为他在镇上新建的敬老院里争取了一个房间。

这可能是一种会让年轻人窒息的孤独感。张霞见过儿女不在家时，老人们清水煮沸下点面条，放些酸菜就凑合着吃一顿饭；见过“厚背壳”的大彩电，收不到几个电视台的节目，老人们凑合看着因为信号时断时续而时有时无的节目打发时间。

时间，在这里失去了刻度，浓缩成“老人机”整点报时的语音，带着失真的字正腔圆的音调。以至于突然到来的社工成为另一维度的闯入者，带来了些许新鲜空气。每次社工入户，老人们都要从柜子深处，把珍藏的吃食拿出来招待社工，这是一种朴素的至高礼仪。

有一位五保户（农村中享受保吃、保穿、保医、保住、儿童保教或老人保丧葬的农户）和弟弟住在一起。有一阵子，他的弟媳病了住院，弟弟陪同看护，只剩他一人独自在家里放羊。社工去看望他，他高兴地从冰箱里拿出晚饭，准备与他们分享。盘子里装着的是他好几天前蒸的白馍馍，表面已经全是裂纹了。

第一堂手机课

听说社会工作服务站免费发抽纸，整个西渠镇的老人呼啦啦都跑来了。到社会工作服务站一看，原来是要先听如何用智能手机的讲座，老人们又呼啦啦全要走。

张霞赶紧站起来，语速急促地说：“大家先别走，先别走。我们不是骗人的，是免费教大家怎么用智能手机的。”老人们并不理会，智能手机不算稀罕物，但镇上不少老人在读文识字方面还存在困难，使用智能手机就更难了。

几位熟悉张霞的老人反驳张霞："这有什么用？听不懂，学不会啊！"很多老人起身向着大门走去。张霞没办法，只得又搬出抽纸："你们坐下嘛，坐下随便听一听，听完我就送你们一人一包抽纸。"

老人们又坐下来了。

张霞的手心有些冒汗，这是镇上教老人用智能手机的第一堂课。20多年的教师生涯，张霞并不会因为课堂而胆怯，但眼前的状况仍然使她紧张。来到西渠镇服务留守老人一年多，她深知"老同学"的脾气和秉性，在他们身上，自尊与脆弱并存。

有一次，她去村里讲课。村活动室的投影仪坏了，她只能口述。讲了没几分钟，拐角处一位大爷突然站起来，怒气冲冲地就要往门口走。张霞上前询问原因，老大爷两手一背，开始数落："听也听不清，看也看不着，你把人叫来干什么？"

张霞像哄小孩一样安慰了他，还承诺课后一对一给他再讲一遍，老大爷才挺着脖子回去坐下了。后来，她听说，这位老大爷就是专门跑来听她讲课的。"老人就是这样的，他拉不下脸来说他真正需要什么，他就是生气。"张霞说。

教老人使用智能手机不是张霞或是社会工作服务站心血来潮。在民政部推行"五社联动"的政策下，张霞所在的民勤县西渠镇社会工作服务站成为蓝马甲行动的服务点。从2022年下半年起，张霞有个明确的任务：教老年人用智能手机。这是镇上的第一堂手机课。

为了讲好这第一堂课，张霞前一天还在准备。蓝马甲行动提供了老年人学习使用智能手机操作步骤的图册、智能手机教学PPT，还有老年人用手指点一点就可以“跟踪”学习使用智能手机操作步骤的体验视频，从字体、图标大小，到操作步骤的文字描述，所有内容都针对老年人的特点而编写。

但教学不是只有资料就可以，“关键是老人要看得懂，听得懂”。张霞把知识点掰开、揉碎，转化成自己的语言，又用方言翻译了一遍，配合着图片，开始教学。

一位大爷打断了张霞的课，说出了心里话：“你也别给我们讲那么多，讲多了我们也记不住，你就把这个健康码怎么用给我们

▶ 张霞讲的第一堂手机课

讲一讲。”张霞愣了愣，连忙切换PPT，继续讲课：“这个蓝色、有个‘支’字的是支付宝。如果不认识字的话，你们就把这个图标记下来。”

预计要上两个小时的第一堂课，持续了三个多小时还没结束。中午12点多，张霞撑不住了，她试探性地问：“要不今天就讲到这里，咱们先回家吃饭吧？我就在社会工作服务站，以后你们有什么问题可以随时过来找我。”

老人们领了图册和抽纸，高高兴兴地回家了。

张霞把教学工作做得挺细致，但她的性子很急。最常见的状态是，上午社会工作服务站和张霞沟通了任务，下午她就骑着“小电驴”前往几十公里外的数个村子开始工作，这种工作方式一度让她自己也险些成为被“帮扶”的病号。

西北地域辽阔，即使同是西渠镇下属的村落，相距数十公里是常态。张霞有时会找本地会开车的志愿者同行，但更多时候，她等不及别人，自己匆匆骑着“小电驴”去不同的村子，即使是气温零下十几摄氏度的冬天，张霞也不愿意多等一会儿。她说：“我就是想尽可能地多跑几个地方，让更多老人尽快学会如何使用智能手机。”

从西渠镇再往下，到村子里教老人如何使用智能手机，张霞往往会面对沉默的老人，就像西北漫长的冬天。制产村的老人坐下问的第一个问题是：“我们学使用智能手机有什么用？”

这是一个典型到有些极端的西北村子。制产村位于西渠镇的最北端，再往北，就是茫茫的戈壁滩。生活在沙漠与沙漠之间，

▶ 课堂上的老人们

老人们生活的水也已经干涸，只留下沙子随风扬起。

老人们的问题并不尖锐，但确实难以回答。“学使用智能手机对放羊有什么用？”“网上买了菜，我去哪里取？”“瓜田里能用智能手机吗？”张霞愣住了。

不愿意学如何使用智能手机，张霞就给老人讲述防诈骗的知识。几句话的工夫，原本教老人如何使用智能手机的课程就迅速转换成蓝马甲行动的另外一套课程，老人遇到过的或未遇到过的各种诈骗手法和案例让老人开始质疑。

老人不懂社工，也不懂智能手机，但懂诈骗。之前沉默的老人给出了新的回应，他们从被闯入者的角度审视张霞，他们问：“你不是骗子吧？你说的这些知识能防诈骗吗？”张霞觉得有些尴尬，只能给自己找个台阶下。她露出标志性的笑容，一口大白牙、两个小梨涡，边竖起大拇指边说：“你们的防骗意识真不错，要继续保持啊！”

老人们不笑，也不搭腔，只是沉默地注视着她。

▶ 蓝马甲志愿者与老人在课后合影

更大的意义

在张霞的第一堂手机课上，孟淑芬（化名）是想立马拔腿就走的老年人之一。她觉得张霞教的内容没用，自己五年都没学会怎么使用智能手机，难道一堂课就能学会吗?

在西渠镇上，孟淑芬家算是经济条件比较好的，四个儿子都有体面的工作。2017年，西渠镇上第一个住宅小区建成，儿子们给老人买了房，帮他们搬了家。孟淑芬和丈夫成为西渠镇第一批从土坯房住进楼房的老人。

新房里装着Wi-Fi。远在新疆的三儿子给孟淑芬夫妇各买了一部智能手机。五年来，孟淑芬并没有“驯服”这块“板砖”。儿子打来的视频通话，需要等大孙子周末放假回家接。靠她自己的话，大多数时候接不通。除了“大、占地方”，她并不清楚能从智能手机的屏幕中看到什么新鲜玩意儿。

她已经很久没有出过镇子了。西渠镇距离民勤县城60多公里。平日里，镇上老人们想进城，可以选择10元一趟的班车，车程两个多小时，或者等有车的亲戚、孩子放假送他们去。

孟淑芬和老伴最近一次出门是在2021年的国庆节。生活在兰州的大儿子放假回家，开车带他们去了一趟县城探亲。当时，因为疫情防控，他们一路上需要不停地拿手机扫码、出示健康证明，儿子、儿媳自己操作完，再帮两位老人操作。

吃饭时，儿子在手机上点餐；上厕所时，儿子用手机付钱；买东西时，儿子用手机扫码付款。孟淑芬和老伴需要做的，就是待在旁边，听话、等待。

这次出门的经历更让她确定，作为老人，自己只要出门就是给别人添麻烦。回家后，孟淑芬对丈夫说："咱们以后别出去了，出去还得人陪，麻烦得很。"她丈夫耳朵背、听不见，孟淑芬连说带比画解释半天，他才安静地点点头。

但她还是想学如何使用智能手机，所以就留下来听课。三年前，她的小孙子出生。因为孩子太小，疫情期间出行不便，如今小孙子3岁了，她还没有抱过他。学会了使用智能手机，孟淑芬想看孙子了就可以随时视频通话。她还想，等她学会了如何用手机买车票、"刷"二维码坐火车，她就带着丈夫，去兰州亲眼看看小孙子。

上过第一堂手机课后，刚吃完午饭，孟淑芬就来找张霞了。孟淑芬的大孙子成了家，中秋节给她发了一个1000元的大红包，可是孟淑芬不知道钱在哪里，她来找张霞帮忙看看。张霞打开微信，点了几下，就把钱找到了。这天下午，她又跟着张霞学会了查看余额、查找转账记录的操作步骤。

孟淑芬成了上课最积极的"老同学"。第三次听课，她带上了丈夫，还带来10多位老姐妹，都是平日里跟她一起打牌、逗闷子的伙伴。现在除了打牌，孟淑芬和老太太们又多了一个解闷的新话题：怎么用智能手机。

有的老太太擅长网上购物，挑到漂亮的服饰鞋帽，她们会传着手机看一遍，喜欢的就一起下单。孟淑芬也跟着买过，有帽子、鞋子和棉袄。比起镇上买的，她觉得网上买的服饰鞋帽又漂亮又好穿。

上课两个多月来，虽然很多操作学了又忘、忘了又学，但对于学习使用智能手机这件事，孟淑芬已经不再排斥了。现在，她已经成了镇上最会用手机的老人之一。她最擅长的手机操作是“视频通话”。不会接儿女视频电话的、想孙子的老人，都会来找她请教。

老人们改变更多的是对张霞的印象。至少镇上一些老人有了共识：找穿着蓝马甲的人，就能问怎么用智能手机了。蓝马甲行动自2020年启动以来，开展了大篷车下乡活动，在镇上设过社区服务点，还于2023年为甘肃、青海、贵州、江西等地的乡镇社会

▶ 张霞在教老人用智能手机

工作服务站提供了专项经费和物资，让老人有随时可以查看的手册，也让更多乡村里的老人可以有“专人”一对一解答问题。

孟淑芬目前最大的心愿是学会用手机支付，因为这样不用带现金、不用数零钱，方便。张霞给她讲过几次，但她还是不敢用。她老了，手抖个不停，有时候想点开支付宝，都会不小心点成旁边的APP。“要是1.5元的东西，我给付了15元、150元，甚至1500元，怎么办？”孟淑芬说出自己的担忧。钱不算多，却是大事，她不敢马虎。

外面的世界

春节临近，孟淑芬的儿子们会带着孙辈回家，这是一次久违的团聚。跟张霞学会用手机拍照后，孟淑芬就一直在计划，要给家人多拍几张照片。

“放鞭炮的时候，吃年夜饭的时候，我全都要拍下来。”孟淑芬说。她的终极目标是跟张霞学会用手机打字。这样，逢年过节的时候，她就可以发祝福消息，日常也可以跟孩子们聊聊天。

蓝马甲行动的初衷就是让更多“不会用、不敢用”智能手机的老年人，愿意去接触智能手机和互联网，让他们的生活有一些小小的改变，哪怕只是视频通话、发消息，也可以让他们与外面的世界多一些联系。

这也是武威市另一个蓝马甲行动社工试点地区——天祝藏

▶ 安远镇（图片由当地社工提供）

族自治县安远镇的社工吴新萍选择加入蓝马甲行动的理由。“90后”的吴新萍是由阿爷、阿奶带大的，她习惯于老人既缓慢又急促的特点。在长辈陆续去世后，吴新萍常感内疚，认为自己没有好好关心他们，甚至没让老人们看看这个世界现在的样子。

比起孤独的西渠镇，安远镇多了些“原生态”的感觉。在安远镇，一年只有两季。气温高的时候，老人们会进山挖野菜、雨后捡蘑菇，地里的农活也多，种小麦、高原夏菜，一整天的时间被劳动排得满满当当。

2023年8月，吴新萍成为安远镇社会工作服务站的社工，也带来了一些外面世界的信息。生活在大山里，安远镇的老人们见得最多的农产品就是土豆和大白菜，很多水果都不认识，比如柚子。老人们不是买不起，而是不会买、不舍得买或者不认识。有一次，吴新萍上门服务时带了柚子，老人们不知道怎么吃，她需要把柚子一个个剥开，再教老人们怎么掰开、怎么吃。每次上门，她都会买些远方出产的应季水果带给老人们，榴莲、杨桃、火龙果……她都想让老人们见识一下。

比起西渠镇，在安远镇教如何使用智能手机的第一堂课更为热闹。事实上，来听课的老人一大半没有智能手机，甚至有两位老人连“老人机”都没有。但在两个小时的课程中，所有老人都很开心，因为能跟那么多人聚在一起聊天本身就是一件足够让人开心的事情。

吴新萍希望，通过手机，至少可以让老人们看看外面的世界。“刷”短视频APP的时候，每当看到与安远镇不一样的地理风貌，吴新萍都会收藏起来，等下次上门服务的时候播放给老人们看。她去天津玩，特意在飞机上拍了很多厚厚的云层、蓝蓝的大海的图片，分享给老人们。

“我想让他们看看外面的冬天是什么样子，不下雪的冬天是什么样子的。”吴新萍说，“我真的希望让他们看到，除了我们天祝县的大山以外，外面还有大海，还有很多很多东西。”

安远镇社会工作服务站站长雷效盈觉得，教老人使用智能手机更大的意义就在于：让老人可以选择对抗孤独感的方式，能主动去找、去争取，“而不是别人给什么，他们就只能接受什么”。

作为“闯入者”，张霞并不孤单。

三 两位漫画爷爷，在反诈信息流中弄潮

“老两口”

济南市民吴国梁55岁从化肥厂“内退”。没多久，他的父亲就因脑血栓后遗症倒下了。兄弟姐妹六个人，吴国梁觉得自己条件还可以，便担负起了照顾父亲的责任。他每天给父亲擦洗沐浴，老人常年卧床，身上没生过一个褥疮。他做饭做菜，父亲由于阿尔茨海默病闹脾气，吃饭也挑剔，他照样耐着性子把老人服侍舒坦。这样守在家里伺候了父亲十来年，他认为自己已经尽心尽力了。

2014年，他的父亲去世了。那年，吴国梁70岁了，已经很久没踏足社会了。

一天，吴国梁路过社区服务站，看到工作人员正对着一块黑板发愁。社区宣传工作需要画黑板报，却没人会画。他突然想起自己在化肥厂里画黑板报的日子。他从小爱画画，也有天赋，画

什么像什么。当年，他是厂里的化验员，也是宣传骨干。厂里的黑板报、展览，都是他包揽的。想起这些，他便自告奋勇，拿起粉笔，将社区工作人员所说的主题画成了一幅漫画。

过了几天，社区工作人员主动找上门来告诉他，他的画使原本没人关注的黑板报的人气高了不少，又问他能不能再帮忙做做宣传工作。吴国梁立刻答应了。此后，他便常去社区，绘画的手艺又有了用武之地。

吴国梁重新握起画笔。他打算创作一系列连环画，展现社区居民的生活。画什么呢？他想，就从自己最熟悉的故事讲起，画自己和老伴的生活。于是，他开始了“老两口”系列漫画的创作，塑造了两位主人公：头顶微秃的瘦高老爷爷“高大哥”和圆脸老奶奶“胖大婶”。他和老伴生活中的点滴小事、所见所闻，都被他以诙谐、生动的方式在漫画中再现。在每篇漫画的结尾，他还会借高大哥之口发表“高见”，讲讲自己的思考与感悟。

有一回，老伴要做鱼，差吴国梁去买鱼。他刚买完鱼就赶上暴雨，他怕老伴做鱼等急了，一咬牙就冒雨跑回了家。老伴一开门，根本没顾上买回来的鱼，只是心疼他淋了一身雨。

受这件小事启发，吴国梁就画下了一篇漫画《乌鸡》：胖大婶想吃乌鸡，高大哥便出门给她买。他跑了几家菜场都没买到，天却刮起了大风，随即大雨倾盆而下。高大哥顶着雨跑回家，浑身湿透。敲开门，他对胖大婶说：“老伴，对不起，我没买到乌鸡，却给你带回了一只落汤鸡！”“你就不会躲躲雨吗？”胖大婶嘴上埋怨，语气里却透着心疼。最后，吴国梁让高大哥发表“高见”，替他说出了心里话：“大伙儿，你们记得5月份下了好大一场雨吗？我可记住了。我记住的是，我爱人满是爱和关心的表情。我一辈子也忘不了！”

没想到，吴国梁和老伴平淡而幸福的生活很快就被病魔打断了。2015年，吴国梁的老伴被确诊为癌症晚期。吴国梁悉心照料她的生活起居，陪护她住院、接受化疗。老伴喜欢看他画的漫画，总能被逗笑。他就趁老伴睡着的空隙抓紧时间创作，将日常点滴记录下来，集结成了《病房日记》。

▶ 吴国梁的工作台

2016年8月，吴国梁画完了“老两口”系列的第24篇——《靠背》。那是一个完全写实的故事：那天，他把做完化疗的老伴从医院接回家。家里没有医院的升降床，老伴身体虚弱，全身难受，嫌背靠的枕头太软了。吴国良赶紧给她买来一个可调节的床上靠背，可老伴又说靠背太硬了。怎么办呢？吴国梁想了个办法。他坐到老伴身后，说："我的背让你靠着，你怎么舒服我怎么调。"老伴靠在他的背上，不一会儿就进入了梦乡。

那一集，高大哥的"高见"是："小两口儿卿卿我我，老两口儿搀搀扶扶。你病了，我伺候你。我病了，我麻烦你。当你生病的时候，我就是你的拐棍，我就是你的靠背。"

这篇漫画刚画完不久，老伴就去世了。吴国梁把这一篇作为"老两口"系列的最后一篇，作为永久的纪念。他陪老伴走完最后一程，他们的故事也就此完结了。

漫画爷爷

两年间送走了两位亲人，儿子早已在北京成家立业，家里就剩吴国梁一个人了。好在他还有手中的画笔，他想，与其沉溺于悲伤中，不如振作起精神，投入创作。

自从开始参与社区的宣传工作，吴国梁就没有停过笔。每当政府出了新政策，社区工作人员总会请他出马画宣传画，这大大拓宽了他的灵感来源。他开始关注新闻，把视野投向了更加广阔的社会生活。

"迎冬奥"时，他把冰墩墩画成运动健儿，介绍各种运动项目；新冠疫情来袭时，他画抗疫英雄，倡导大家注意自我防护；《中华人民共和国民法典》有了新内容，他就用通俗易懂的连环画普及法律知识；社区要推广垃圾分类，他就为居民们画了一套一目了然的垃圾分类对照表。

吴国梁慢慢养成了紧跟时事的习惯。国家大事、社会动向都成了他创作的主题。他就像新闻记者那样追求时效性，总是第一时间学习新出台的政策，每天看新闻，了解最新的社会热点。有时为了赶创作进度，他会在书桌前一坐一整天，画到凌晨三四点。他天天不停歇地画画，几年下来，右手拇指磨出了厚厚的老茧，削彩铅的卷笔刀都用坏了十几个。

吴国梁是乐在其中的，画画本就是他从小的爱好。他还记得，小时候，每当别人夸他画得漂亮，他的心里总是美滋滋的。上学、工作时，老师、领导总是让他出黑板报，安排他画。他没想到，自己一画就画到了老。

现在，画画不再仅仅是他的一种兴趣爱好了。用他的话说，“不再是画着玩了”。他通过画画参与社会活动，为自己画，也为社会画。他感到生活变得充实，有了使命感和责任感。这使他燃起了新的热情，越画越起劲。

有一天，一位名叫赵银光的老人找到吴国梁。赵银光年逾八旬。2015年，她从老年大学下课后，被同学拉去听了一堂“课”。在那堂课上，她登记了自己的个人信息和手机号，便免费领到了一些地瓜。自此以后，她常接到电话，邀请她去听一些介绍投资项目的讲座。在两年时间里，赵银光陆续投入了上百万元，却突然发现介绍投资项目的公司早已人去楼空。此后，赵银光痛定思痛，与济南市地方金融监督管理局合作，联合了一批曾经上当受骗的老年人组成了“反诈奶奶团”，四处宣讲，用自己的故事警醒大众。她这次找到吴国梁，正是听说了他绘画的才能，邀请他加入宣传防诈骗知识的队伍。

吴国梁被“反诈奶奶团”的事迹感动了。她们这么大岁数，揭开自己的伤疤义务做宣传，就是为了避免更多人落入诈骗的陷阱。这种无私的态度让他敬佩不已。也正是赵银光和“反诈奶奶团”成员的故事，让吴国梁第一次意识到，许多老年人对于社会缺乏足够的认知，很容易成为诈骗的受害者。这让身为同龄人的吴国梁深深地觉得，参与防诈骗知识的宣传工作是义不容辞的。

从此之后，“反诈防骗”就成了吴国梁创作的一大主题。2019年，他将自己了解到的诈骗案例创造性地与《西游记》中的人物结合，绘制了一套漫画《“反诈”西游记》。这套漫画兼具趣味性和教育性，取得了很好的宣传效果。济南市地方金融监督管理局特地将这套防诈骗漫画印制了一万册，“反诈奶奶团”外出宣讲时，便把吴国梁创作的画册散发到了济南的各个角落。

但吴国梁没有停止关于“反诈防骗”主题漫画的创作工作。他注意到，社会上的诈骗套路层出不穷，尤其是在网络信息时代，电信诈骗花样更新极快。他便铆足了劲，不断了解新型诈骗手段，持续更新宣传防诈骗知识的漫画。他一心想跟诈骗分子“斗”到底。

吴国梁创作的漫画也吸引了蓝马甲行动项目组的注意。2022

年，吴国梁受邀成为蓝马甲志愿者和讲师。他很认同“数字助老”的理念，几年防诈骗知识宣传工作做下来，他深刻认识到，老年人频频成为诈骗受害者，主要原因是老人的认识与如今信息社会的现状之间存在着巨大的鸿沟。他说：“我的画，就是桥。”

“老博士”

在郑州，一位74岁的“老博士”正在努力为同龄人“搭建桥梁”。

“老博士”名叫吕文良，一辈子好学爱钻研，退休后也没闲着，心理疏导、计算机操作、安全知识、旅游指南……方方面面的新知识他都好奇、都研究。儿孙们便打趣说，“家里出了位‘老博士’”。

2017年，吕文良看到家门口的社区科普大学招募志愿者讲师，其中一门课程是“安全常识”。看到“安全”两个字，他立刻来了精神。吕文良原先是一家国有企业的安全工程师，多年来的主要职责便是防火、防工伤、防事故，讲解安全知识正是他的专长。

吕文良应聘成为志愿者讲师。社区科普大学的学员多为老年人，吕文良既精通安全知识，又了解老年群体在生活中面对的困难和问题，他的授课内容深入浅出，很受欢迎。

2021年，蓝马甲行动项目组与郑州社区科普大学展开合作，吕文良便加入了蓝马甲行动，成为蓝马甲讲师。蓝马甲行动的“数字助老”项目给了他新的启发。他想，在信息时代，网络安全也是安全防护的重要部分。老人往往是数字信息的门外汉，老年群体也因此成了网络诈骗的主要受害者。作为安全科普老师，教大家识别网络上的诈骗陷阱是他义不容辞的责任。

于是，“老博士”又学习了起来。他搜索研究网络上各式各样的骗局，总结出10条防诈骗注意事项，专门制作成了课件，还编

▶ 正在指导同龄人使用智能手机的吕文良

了一套朗朗上口的防诈骗顺口溜："以下十项操作千万别做！网上恋爱，涉及钱财，一律拜拜……"

他不仅在线下授课，还把课程搬到了线上。他的网课视频上线后立刻走红，不到三个月，视频的浏览量就超过了580万。

吕文良制作的网课，除了"反诈防骗"相关知识，还有一项重要内容，那就是教授智能手机使用方法。他还记得，在一次安全常识课程结束后，一位学员举着智能手机问他："吕老师，你能不能教我怎么用智能手机？"这个问题一提出，班上立即"炸锅"了，许多学员都提出了自己在使用智能手机时遇到的问题。

对于老人使用智能手机的障碍，吕文良深有体会。几年前的一天，他和家人在面馆吃面，他刚掏出钱包准备结账，就被儿媳妇掏出手机抢先扫码付款了。那一瞬间，他突然觉得自己落后了。隔天，他就买了一部智能手机，研究起来。可是，这样一块小小的屏幕，五颜六色的图标，看得他脑子都乱了。他不肯放弃。用红包当"诱饵"让孙子教他如何使用智能手机，一边学一边做笔记，以免遗忘。就这样一点点地学习，吕文良逐渐掌握了跟子女视频通话、用支付宝缴纳水电费和网络购物的操作步骤。

学习智能手机的经历让他无比了解老年人学习这样一个新鲜事物的困难所在。如何用清晰、直观的方法教会老年人使用智能手机呢？他想起了自己年少时看过的连环画，突然来了灵感。他把智能手机的操作过程中的每个步骤都截图，像连环画那样配上文字说明，制成了一本360页的智能手机使用教材。健康码、网购、手机支付、医院预约挂号等60多项生活中常用的功能都被涵盖在内。

上网课时，屏幕那头的老人推高老花眼镜，举着智能手机一遍遍地细细询问操作步骤。屏幕这头的吕文良同样一头白发，耐心地逐一讲解。老年人只是动作慢了一点，并不是跟不上时代的发展。吕文良的心愿是帮助每一位同龄人，推开那道时代设置的数字信息之门。

不被时代落下

几年前，当吴国梁积累的画作越来越多后，他强烈感到自己需要像年轻人那样拥有一部智能手机。有了智能手机，他就能拍下自己创作的画，保存在手机里，还能在第一时间把作品分享给别人。可智能手机真的买回来以后，他却用得相当费劲。他在屏幕上不断尝试，根据图标的示意点来点去，就这么误打误撞学会了一些功能的操作步骤。但有些功能的操作步骤很复杂，无论他怎么点都不行，搞得他很恼火，索性就不弄了。

2020年，第七次全国人口普查工作开始，热衷公共事务的吴国梁报名成了济南市年纪最大的人口普查员。这也是他尝试“逼”自己学习——人口普查工作需要用手机在网上填表。

起初，与他搭档的年轻普查员主动承担了用手机录入信息的工作。但吴国梁不甘落后，跟着搭档慢慢学习，很快也熟练起来。在这一过程中，他也发挥了自己的长处，为人口普查工作画了一组漫画宣传相关知识和故事。人口普查工作被出色地完成了。结束后，吴国梁被评为“山东省第七次全国人口普查先进个人”。但对他来说更重要的是，他收获了很大的自信。他发现，使用智能手机也没有那么难。

他没有学过拼音，就用手写输入法在手机上输入文字。有些学过的操作步骤长时间不用，他就忘了，连做过的笔记他也看不懂了。他就一次次虚心地向年轻人请教，反复练习到熟练为止。就这样，他逐渐熟练掌握了智能手机的使用方法。

加入蓝马甲行动后，吴国梁将手机上常用的健康码、网购、乘车、手机支付等操作步骤画成漫画。他画得和手机上的画面一模一样，先点哪里，再点哪里，一目了然。在蓝马甲行动组织的

▶ 吴国梁的手稿

社区活动中，他就以此为教程，图文并茂地为其他老人讲解如何使用智能手机。如此一来，不仅更多老年人鼓起勇气开始使用智能手机，吴国梁也在教学的过程中巩固了自己已经学会的操作方法。

将自己投入到这些利人惠己的社会公益活动中，吴国梁感到自己的生活变得充实而有价值，他甚至觉得自己比年轻时更有活力了。

他把自己的每一天都安排得满满当当。每天清晨，他醒来的第一件事是打开手机上的“学习强国”APP，了解、吸收新的信息和知识，完成每日答题。学习两个小时后，他就走出家门，在小区里散步锻炼，顺道去社区服务站看看。上午，他安排了各

▶ 在做蓝马甲志愿者的吴国梁

式各样的社会活动。他要给社区里的老人们编舞、教舞——他因为不服别人说老年人只会跳简单的广场舞，专门拜师学习了民族舞；他要和“反诈奶奶团”编排话剧——他根据赵银光的故事创作了新的漫画《凤凰涅槃》，又据此改编成话剧剧本，自编自导自演。

到了下午，吴国梁就回到家里，开始画画。当开始画画后，他就好像忘了一切。他常常坐在床尾的那张书桌前，埋头从下午画到深夜。在所有工作和活动中，他最爱的还是画画。每当他画出一套新作，那种成就感和激动的心情简直难以言表。他会把照片分享给微信里的每一个群和每一位好友，恨不得每个人都能看到自己的作品。

自从画画出了名，更多的社会机构和组织找到吴国梁帮忙。幼儿园请他培训老师们画连环画，小学也请他给孩子们画一套古诗词的配图。他还在网上开了一门绘画课，教老人和孩子画画。吴国梁没有学过美术专业知识，全凭兴趣画到现在。如今为了上课，他又专门学习了素描和透视基础，自己的绘画水平也在教学中不断精进。

吴国梁的座右铭是：活到老，学到老，奉献到老。2023年，他马上就要80岁了，各式各样的社会工作让他忙得团团转，他却一向分文不收。有的朋友心疼他，劝他得学会拒绝，别光为别人作嫁衣。他说：“我会做衣服，那么我是把衣服放在箱子里放烂了好，还是把衣服拿出来让别人穿好呢？”在忙碌中，他感受到了快乐和满足。

四 “摇滚奶奶”、银发乐队和老年数字生活

80岁的吉他手

2023年，杭州人董云蓉80岁了，是一名吉他手。她在64岁时开始学吉他。那时，她的先生已经过世两年了，她仍走不出伤痛。她已经退休了，子女也各自成家。她独自生活，百无聊赖，不知道人生还有什么乐趣可言。当第一次拿起吉他，把手指摁到弦上时，她没有想到，她的生活会重新被点亮。

其实，董云蓉是个开朗的人。她从小就积极好动，是那种会跟男孩抢乒乓球桌、争着上场的女孩。她爱好文艺，当年没有条件学大件乐器，她自己学着吹口琴，也感到很快乐。后来，她成了一名小学老师，语文、数学要教，体育、音乐也要教。她喜欢上音乐课，带着孩子们识谱唱歌，排练一些节目。在不上课的日子里，她就跟着宣传队四处演出，队里两位老师拉二胡，她们这些年轻的女孩便在台上唱唱跳跳。

24岁那年，她和她先生通过别人介绍结识。他个头高大，有文化，在杭州大学教书，一看就是个踏实可靠的小伙子。他们结婚后很快有了两个孩子。生活几十年如一日，忙忙叨叨，平淡而幸福。一些难得的闲暇时光，她和先生结伴逛西湖，漫步断桥。夏天的西湖格外美丽，“接天莲叶无穷碧，映日荷花别样红”。她爱美，她的先生送她一条天蓝色的丝巾，她就用丝巾在颈边系个领结，有微风吹过，丝巾便随风起舞。

等她从工作岗位上退下来，孩子们也长大了。她也不闲着，每天早上下楼打太极拳，又作为家属加入杭州大学体育老师组织的健身球操队，常常去全国各地参加比赛。她很会把日子过得热热闹闹。

董云蓉曾经觉得自己的人生蛮平顺，夫妻和睦，家庭美满。即使步入老年，她的生活也是快乐而有活力的。

但就在2005年，陪伴她37年的先生突然去世。这个变故几乎把她击垮。那股积极的劲头消失了，她像变了一个人，不爱笑了，话也少了。在云南生活的姐姐把她接去，想让她换换心情。她在云南住了半年，仍然闷闷不乐，便返回杭州。回到家里，她提不起劲下楼锻炼，老队友喊她回健身球操队排练，她也不愿意去了。有两年时间，她把自己关在家里，除了每天给孙女烧饭，操持家务，她不出门，也不大见人。身体松懈下来了，她的精神头也散了。她感到自己好像确实老了。

2007年的一天，董云蓉偶然在报纸上看到一则老年吉他班的招生简章。家里恰好有一把女儿闲置的吉他，儿子便鼓励她报名试试。

老人从头学乐器并不容易。吉他班有三十来个人，一个学期结束，大多数人都离开了，要么说事情忙，要么喊难，要么嫌手痛。吉他一共有六根弦，左手摁弦得使劲，摁得轻了，拨弦发出的声音就像弹棉花一样“嘣嘣”响。只有手指立起，指尖压实，才能发出准确悦耳的弦音。左手到位了，右手还要弹，嘴上还得唱。三个环节同时配合，着实不易。有一名女同学起初就总抱怨，唱起歌来手就动不了，手动起来嘴又张不开。董云蓉就鼓励她，让她把歌先唱得很熟，手也分开来练，每个部分都熟练了，再合起来练习。那位女同学就按董云蓉说的方法慢慢地努力练，一天练八个小时，熟能生巧，弹吉他的水平成了班上第一名。

▶ 董云蓉正在练习演奏吉他

也不知道为什么，董云蓉学了吉他后，不知不觉就着迷了。她习惯在早上刚睡醒、记忆力最强的时候练习弹吉他。她把吉他摆在床前，睁开眼，坐起身，就抱起吉他练习半小时到一小时。然后，她再送孙女去上学。周末，孙女去少年宫学电子琴，她就坐在楼下练吉他。周一到周五，她乘公交车送孙女去学校。在公交车上，她的左手不自觉地摆着和弦手势，右手模拟着扫弦的动作，嘴里哼着旋律。下午，孙女放学了，她在去接孙女的路上，脑子总是不由自主地就过起了吉他谱，因此常坐过站。直到孙女在校门口等不来奶奶，打她的手机问："奶奶，你到哪里啦？"她才回过神来。

吉他班每周四上课。到了第二学期，董云蓉所在的班上只剩下四位同学了，她便是其中之一。他们真正爱上了吉他，便约上另一个班仅剩的一位同学共同练习。五位老人会在上完课的第二天，相聚在西湖边的曲院风荷，一道练习新学的曲目。在跨湖桥畔的碑亭里，他们弹起曲子唱起歌，满眼是荷叶铺就的翠绿，这情景真令人心情畅快。有位男同学提议："风景这么好，我们五人志同道合相聚在这里，我们的组合应该起个名字，要不然就叫'风荷吉他队'吧！"

刚开始练琴时，董云蓉的手指头连洗菜都会痛。不久后，她的指尖结了厚厚的老茧，痛感便消失了。更神奇的是，音乐和与好友共同练习带来的愉悦心情，好像慢慢驱散了因为她先生离开而郁积在她心中的痛苦。她感到自己的心一点儿一点儿打开了，快乐又回来了。

董云蓉每学一首新歌，怕忘了，总是在第一时间录制一段视频发到网上作为记录。几年下来，她积累了不少粉丝。一位粉丝鼓励她，发消息说："董奶奶，你应该写一首歌讲讲你的故事，你把词写好，我给你谱曲。"这个建议启发了她，她写下了自己的第一首原创作品——《蓝色丝巾》。

▶ 董云蓉和蓝丝巾

她再次系上先生送她的那条蓝色丝巾，抱起吉他，用略微颤抖的嗓音悠扬地歌唱："骑着单车，来到西湖断桥边，那时你拉着我的手。那年冬天，你望着我的眸，说这次你先走。蓝色的丝巾也随风飘，飘到世界的那头。蓝色的丝巾也随风飘，带着思念一起走。”

弹唱完这首歌，董云蓉便真正把那份深厚的思念埋藏进了心的深处。她找回了自己原本开朗的面貌，准备迎接新的生活。

风荷吉他队

董云蓉第一次在网上被人们关注，是在2010年。老师新教了一首周杰伦作词、作曲的《彩虹》，她学会后，像往常那样，端正地坐在客厅的沙发上，面对摄像头将这首歌弹唱了一遍，然后将录制好的视频传到了优酷网上。

网友们看到这样一位奶奶，自弹自唱年轻人耳熟能详的流行歌曲，感到耳目一新。在视频里，董云蓉抱吉他的姿势标准，扫弦熟练，歌声则是深情款款的。

这条视频传播开以后，深圳电视台的导演就来联系她，说：“董奶奶，你可以到我们这里来唱啊。”他们又说：“现在电影《将爱情进行到底》的主题曲《因为爱情》很火，你的声音有点像王菲，你要不要来唱《因为爱情》呢？”董云蓉既没看过这部影片，也没听过这首歌，她老老实实地答复：“我没有听过这首歌，也没有歌谱，我总要学上个把月才能学会。”

随后，她让儿子从网上找来《因为爱情》的歌谱，又拜托吉他班的老师帮忙编配了和弦。这是一首男女对唱的歌曲，吉他队里找不到擅长演唱的男队员，便由一位女队员用低八度演唱，与董云蓉搭档。她们勤奋地练习了20天，拿下了这首《因为爱情》。这段练习视频上传一个星期后，播放量就破了百万。在微博上，连这首歌的原唱王菲都转发并评论了董云蓉独特的微颤嗓音："唱得我肝儿都颤了！"

于是，更多电视台的邀约纷至沓来，甚至有导演讲："奶奶，我们给你5000元，到我们这来唱唱。""这不是钱的问题。"董云蓉一概婉拒其他电视台的邀约，她解释说："因为这首火起来的歌是深圳电视台邀请我唱的，所以我们要先到他们那边唱。"

2011年，董云蓉前往深圳，第一次出现在电视屏幕上。登上大舞台，她没感到紧张，就像年轻时在宣传队登台那样，她很享受在舞台上表演的感觉，在镜头前落落大方，唱得很从容。

风荷吉他队在董云蓉上电视后出了名，陆陆续续有电视台找过来，盛情邀请爷爷奶奶上节目。有一次，《中国达人秀》的小导演对董云蓉讲："奶奶，你一定要来，请不到你，总导演是会批评我的。"逢年过节的晚会节目，湖南卫视、东方卫视都来找她，请风荷吉他队演出节目。董云蓉和她的乐队伙伴渐渐成了电视晚会的常客。在上电视前，她总是向有些紧张的伙伴传授经验："你们上台后，不要看下面的观众就不容易弹错。你们就往前面看，脑子里想着对歌曲的理解，想到歌曲的意思，大胆唱出来。"

2018年，《星光大道》邀请风荷吉他队参加节目，导演向董云蓉提议：向年轻人学习，走摇滚路线，会让乐队更加年轻、更加精神。他建议爷爷奶奶排练一下《怒放的生命》。于是，一位吉他手转型学起了贝斯，从六根弦的吉他改为四根弦的贝斯，很快便上手了；吉他队里本来便有打击乐基础的队员放下吉他，重新握起了鼓棒；一位80多岁的手风琴手，熟悉键盘，就弹起了电子琴。这样一来，风荷吉他摇滚乐队便组建了起来。乐队成员们在录制前紧锣密鼓地排练，一直练到演出当天，在开往北京的火车上，大家激动得清晨五点就聚到一起，练了起来。

从此以后，风荷吉他摇滚乐队排演了更多年轻化、富有激情的摇滚乐曲，比如《飞得更高》《少年》《你要跳舞吗》。唱

▶ 风荷吉他摇滚乐队在现场演出

起这些歌曲时，满头华发的乐队成员们仿佛也受到了音乐的感染，感到青春焕发，越发有活力。有时候，他们在去外地录制节目的路上就情不自禁地拿出乐器弹唱起来。有一回，他们在火车站等车时练起了歌，旁边的乘客都围拢过来。后来，车站里的一家餐厅的员工看他们老人家玩得真高兴，干脆请乐队到餐厅里表演。

随着乐队的名气越来越大，越来越多杭州本地爱好音乐的老人加入了风荷吉他摇滚乐队。董云蓉从没想过，到了这个岁数，还能因为音乐结识这么多志趣相投的朋友。他们在亭子里排练，欢快的气氛便随着音乐散播开来。路过的游客往往驻足观看，随着音乐摇摆、拍掌。有一回，来了几位已经移居欧洲、返乡探亲的侨民，路过曲院风荷就挪不动步了，伴着音乐跳起了交谊舞。

“我想要跟上这个时代”

2011年，董云蓉上电视不久后，有一天，优酷网的几位员工来杭州找到董云蓉，开口就问：“奶奶，你愿不愿意做公益？”董云蓉说：“什么叫公益呢？我不懂。”对方就进一步解释，他们要去一所盲人学校办一场公益演出，原本邀请了一个歌唱组合，但对方出名后要价太高，不知道风荷吉他队愿不愿意去演。董云蓉想，唱歌给盲人孩子听，是件好事情，便立刻答应下来。她说：“我们老年人玩玩吉他就是为了开心，不要钱的！”

不巧的是，演出的日期正赶上清明节，风荷吉他队的队员大多回家扫墓，难以凑齐。董云蓉灵机一动，拉上了当时读小学三年级的孙女一起参演。小孙女很聪明，背上小吉他，几个和弦一练就会。在台上，祖孙两人一起弹唱《小草》和《兰花草》，奶奶的声音悠扬，孙女的声音清脆。董云蓉一边唱着歌，一边看到台下的盲人孩子一个个竖起耳朵用心地聆听，陶醉在音乐中。他们摇晃身体，也渐渐跟着唱了起来。后来，盲人孩子还上台与董云蓉祖孙合唱了几首歌。

那次演出让董云蓉触动极深。她想，通过音乐把快乐传递给别人是多么值得做的一件事啊。她第一次领会了"公益"这个词的含义。自此以后，她便经常领着风荷吉他队去养老院、孤儿院和退伍老兵家中演出。

风荷吉他队出名后，有不少演艺公司联系到她，说要给他们做经纪人，参加更多演出挣钱。董云蓉统统回绝了，她和乐队队员始终坚持着他们一贯的主张：老人玩音乐只是为了兴趣和快乐，不是冲着钞票。不过，但凡有公益活动邀请他们，乐队便积极参与，全力以赴地表演。

2021年，在西湖边的一场演出活动中，风荷吉他摇滚乐队遇到了蓝马甲行动项目组。蓝马甲行动项目组的负责人问董云蓉，愿不愿意加入蓝马甲行动。董云蓉尚未弄明白蓝马甲行动究竟是做什么的，只是听到了蓝马甲行动介绍中的"公益"二字，她便毫不犹豫地答应下来。

接着，董云蓉和乐队的伙伴一道参加了蓝马甲行动的公益培训课程，明白了蓝马甲志愿者的工作是帮助老年人融入数字化的现代生活，并向老年群体宣讲防诈骗知识。在课堂上，老师一步一步教大家如何使用智能手机的诸多功能，例如用支付宝购物、使用微信等。不过，光是课堂上的学习是不够的，老人们还需要在生活中多加实践才能熟练掌握。

风荷吉他摇滚乐队的队员算是操作智能手机比较娴熟的老人了。他们常有活动，每天在微信群内交流，外出演出时乘地铁、火车扫码进出站也很熟练。即使如此，他们有时仍会遇到问题。比如，董云蓉常常碰到打不开演出邀请方从微信发来的文件的情况。智能手机时常提醒她更新系统，她也不敢轻易更新，怕手机里的数据一下子全没了。她还想再找老师请教请教。

近几年，董云蓉越发感觉到，离开智能手机寸步难行。现在，她外出买菜、去医院配药，都用手机支付。有一两回，手机正在充电，她出门时忘了带上。刚走出家门一段路，她立刻发觉不对劲，赶紧回头去取。出门检查两样东西——手机和钥匙，这已经成为她的习惯。

董云蓉学习使用智能手机的方法也是因为音乐。为了上传弹唱视频更加方便，她很早就让儿子教会自己如何使用微博、微信和QQ。她谦虚地评价自己掌握智能手机的水平：不算精通，但日常使用还是可以应付得来。

与此同时，董云蓉深知，还有许多老人完全没能融入数字生活。她的亲家很喜欢看她在电视节目上的演出。两人通电话时，亲家总是问，什么时候电视上会播董云蓉表演的节目。有时错过了，亲家就只能等重播。董云蓉说："你换部智能手机，安装微信，我直接把视频发给你，这样很方便。"亲家总是说："算了，我用不来的，我一天到晚也只是在家看看电视，手机能打电话就行了。"

老年人"不敢用、不会用"智能手机的问题，让董云蓉很有感触，她觉得蓝马甲行动组织的公益培训蛮有意义。有一天，她突然想到，何不发挥特长写一首歌，用乐队最擅长的音乐去影响更多同龄人，鼓励他们勇敢融入智能生活。她把这个想法在队里一说，队员们就纷纷说起了各自的经历。有人说，自己用智能手机常按错键；有人说，有一次自己按照手机上地图APP指引找排练地点，晕头转向，绕了三四圈；董云蓉也想起，有一次自己打出租车，拿出钱包要付钱，司机却出示一个二维码，让她扫码付款。你一言我一语间，一首歌的歌词就这样被写了出来。他们把

▶《蓝马甲之歌》MV（音乐短片）的画面

这首歌命名为《蓝马甲之歌》。

2022年，风荷吉他摇滚乐队登上了东方卫视人文书信体节目《我相信》，与知名歌手萧敬腾合作，共同演绎了《蓝马甲之歌》。“我想再活出我的青春，让音乐传递我的心声。不服输，也不服老，依旧迈着步伐大步向前。我想要跟上这个时代，哪怕脚步会慢一点。”他们在舞台上放开嗓子，昂扬地歌唱，让所有人都听到了来自老年人的心声。

每一天都是新的

前阵子，董云蓉突然接到了一个电话。对方自称是网络公司的员工，还报了工号。他接着报出了董云蓉的身份证号，问她身份证丢没丢。董云蓉一摸，身份证就在身边。对方又说，有人用她的身份证在三亚注册了一个银行账号，贷款500万元，现在需要把她的手机服务暂停。一说到这里，董云蓉紧张起来了，不久后中央电视台就要来录制乐队排练，手机服务暂停就联系不上了。她觉得不对劲，有些警觉了。没想到对方又说，他们现在就去三亚公安部门帮她报案。不一会儿，一个穿着警服的人打来视频通话跟她聊天，聊着聊着，那位“公安人员”突然说：“你把门关起来，不要让子女听到。”恰好她的女儿在家，立刻拨打了110。假警察一听，忙不迭地挂断了视频通话。

后来，女儿从警察那里得知，这个诈骗团伙曾经骗走一位老太太54万元。董云蓉事后回想起来，心有余悸。她多次参加了蓝马甲行动组织的活动，手机上也安装了国家反诈中心APP，没想到仍然差点上当受骗。她立刻在风荷吉他摇滚乐队的微信群里向朋友讲述此事，提醒大家网络诈骗花样百出，不要掉以轻心。好在队友们参与蓝马甲行动后，警惕性都很高。大家又在群里互相提醒了一番："1068""95"开头的电话不要随便接，如果家里没有小孩在国外，"00"开头的境外电话也不要接。

每天，风荷吉他摇滚乐队的微信群总是从清早的一声"早上好"就热闹起来。老朋友们常常在群里唠家常。董云蓉每次往群里发完活动通知，很快就被众多聊天消息淹没。她担心有人没看到重要的通知，总要再一一发给每一位队员。他们也常常在群里交流弹奏吉他的技术，有新队员不懂得和弦怎么按，董云蓉就录制一段视频发过去，拍清楚摁弦的左手的动作要领。

风荷吉他摇滚乐队如今已经走过了十几个年头。队员更迭了一批又一批，有的队员过世了，有的队员年岁大了，再也出不了门了。董云蓉送走了许多队员，又迎来了更多新队员。吉他和乐队已经成了她晚年生活中最重要的事。

2022年，队里的一位男主唱在自己的爱人过世后，不肯再来参加排练。在他独自在家闷了一个月后，董云蓉又极力把他叫出来参加了重阳节晚会的演出。他回到队里，总是不由自主地叹气。董云蓉对他说："我不准你再叹气了。你服侍你爱人20年，已经对得起她了。人总是要走的，你再这样下去，自己的身体会垮的。"后来，在音乐陪伴和队友鼓励下，他的心情一点点好了起

▶ 身穿“蓝马甲”准备演出的风荷吉他摇滚乐队

来。董云蓉理解他的感受，她也经历过同样的伤痛。正因如此，她才更坚信，音乐能给人带来快乐，也能带走悲伤。

时间过得真快，当年陪着她去盲人学校演出的小孙女如今都在国外念大学了。自从开始弹吉他，董云蓉每一天都过得充实而忙碌，儿孙们都为她高兴。孩子们现在工作的工作，学习的学习，各自都有要紧的事。董云蓉尽可能地照顾好自己的身体，让自己过得快乐，不给孩子们增加负担。只是有时候，她去外地演出，只好拜托女儿来家里帮忙喂猫。

董云蓉养的猫是她在排练回家的路上捡回来的。五年前的一天，她背着吉他，在公园门口见到了一只橘色小猫。它当时正在拉肚子，奄奄一息。董云蓉把它抱回家，给它洗了澡，又到楼下养狗的邻居家讨了些宠物吃的药，一点点把它的病治好，它被养得渐渐敦实起来了。

橘猫越来越黏她。每天清晨，猫都跑到床头看她醒没醒。见她醒了，猫就“喵喵”叫两声，跃上床，挨在她的枕头边陪她躺一会儿。她烧菜，吃饭，它就蹲在边上轻声叫，讨要一点零嘴解馋。她坐在客厅的沙发上弹吉他，它就卧在一旁的飘窗上静静地听。太阳晒着，猫好像沉醉在音乐里，就快要进入梦乡了。

这时，董云蓉就会看着它，笑着说：“懒猫！”它的岁数越来越大了，吃东西不像以前那样香，也不像过去那样爱跑爱跳了。董云蓉想，它就跟自己一样，老了。这些年，她确实感觉到自己的身体不如从前了。她看手机费劲，白内障已经严重到了需要开刀的程度，牙齿也不好，应该装假牙了。不过，只要弹起吉他唱起歌，她就会感到：每一天都是新的一天。

五　一群高中生和一本助老书

2022年9月，柳昱辰升入北京一零一中学国际部。

这是北京最好的学校之一，总部位于北京市海淀区圆明园遗址一隅，东临清华大学、南临北京大学。国际部的学生将在高中毕业后前往英国、美国、加拿大等主要英语国家深造。

在迎新群里，高二的学长们正在宣传自己的社团，他们说欢迎新同学加入，一起度过充实而快乐的三年。

一零一中学有很多“大社团”，有传统的足球社、篮球社、机器人社，还有新兴的飞盘社，照顾圆明园内流浪猫、流浪狗的“喵喵汪汪社”。与热闹的“大社团”相比，一个关爱老人的社团人少、响应者寥寥。

柳昱辰决定加入这个关爱老人的社团。他觉得，这个社团面向的是更现实的社会问题，他在这里或许能做一些更有意义的事，甚至改变一些东西。

“小社团”

引起柳昱辰注意的是一位叫刘思源的学长。刘思源在新生群里说，为了帮助老年人使用智能手机，他们编写了一本书，新生可以找他免费领取。

柳昱辰想起自己的姥姥和姥爷。因为爸爸妈妈工作忙碌，在上高中之前，柳昱辰大部分时间都与姥姥和姥爷在一起。他们关系亲密，柳昱辰会给他们讲自己在学校里的见闻，姥姥则会聊起与她一起打太极拳的老伙伴。姥爷沉默少言，但他每周都要带柳昱辰去打乒乓球。

因为新冠疫情，姥姥和姥爷在2021年初回长沙老家了。虽然两位老人都有智能手机，但因为不会用，柳昱辰经常联系不上他们。“他们只会接电话，我有时候想看看他们，可是他们不会用微信、不会接视频通话，特别不方便。”柳昱辰说，他需要这本书。

柳昱辰到社团领书的时候，刘思源以为他是来报名入社的。刘思源有些激动地邀请柳昱辰加入，刘思源说，虽然这个社团小，但他们想做一些大事、有用的事。

刘思源所在的社团叫“关爱银发”。严格来说，这不是一个社团，而是一个公益项目，成员也并不只来自一零一中学，还包括北京市其他学校的高中生。

2021年秋末冬初，一个晴朗而干燥的中午，刘思源坐在书桌前向窗外远眺。在正对窗户的生鲜超市门口，约20名老年人排成长长的一队，在秋风中非常显眼。

那时，在北京，人们进入超市、商场等公共场所都需要出示“北京健康宝”绿码，一些要求更严格的地方还需要出示行程码。在超市侧门，立着一个扫码进入的指示牌，但刘思源看到，从这个通道进进出出的只有年轻人。

老年人不懂如何扫码。超市在正门外设了一张桌子，桌子上放着一份表格，老人们挨个在表格上写下自己的姓名、身份证号、进入超市时间后才能进入。老人们行动缓慢，有的人连写字都是颤颤巍巍的，队伍很久才挪动一步。有些老人举着自己的智能手机，问桌子旁唯一一名工作人员：“请问这‘北京健康宝’绿码怎么弄呀？我把手机给您，您给我弄一下得了。”

“00后”的刘思源想到了自己的姥姥。2021年初，从小照顾他的姥姥回了东北老家，他们每个月至少都会视频通话一次，挂断视频通话的时候，姥姥总是跟他说：“你挂吧，我不会。”因此几天后，他看到初中同学周亦霖转发的“关爱银发”公益项目，立即就加入了。

就读于北京世青国际学校的周亦霖，是“关爱银发”公益项目的发起人之一。她也是由姥姥带大的，在疫情期间，她看到有老人因为不会用手机出示“北京健康宝”绿码而被赶下公交车的新闻后，她意识到，为了不让自己的姥姥也经历同样的事情，她应该做点什么。

于是，在2021年暑假，周亦霖和三个朋友开启了“关爱银发”公益项目，他们通过短视频的形式教老年人使用智能手机。

年轻人和老年人

“用手机难”，可能是老年人普遍面临的难题。2022年发布的《中国互联网网络发展状况统计调查》显示，我国60岁及以上老年人口的互联网普及率为43.2%，这意味着还有一半以上的老年人没有享受到互联网的便利。

“触网”的老年人对手机的适应程度也并不乐观。中国社会科学院发布的《后疫情时代的互联网适老化研究》报告显示，在老年群体中，完全不会使用智能手机的“碰壁族”、通过减少外出避开需要使用智能手机场景的“老宅族”，以及仅掌握健康码查询等基本需求的“适应族”数量庞大。

“关爱银发”公益项目最初的载体是一个视频号，周亦霖和朋友们以情景剧的方式，引入一个需要用智能手机的场景，再通过录屏一步步展示智能手机的操作步骤。为了配合老年人的学习节奏，少年们特意放慢了语速，有的视频还通过后期制作放慢播放速度，字幕也是大字版的。

面向老人的视频还要做得够细致。“举一个简单的例子，我们在注册账号时，通常需要在页面底部勾选一个小方框，表示同意协议之类的，这个很必要但也很容易被忽视。”刘思源说，年轻人经常用网络，有发现这个问题的“用户思维”，但对老年人来说，发现它可能是一件很难的事情。

视频号保持每月更新一次的频率，在开始的半年里，公益小组收获了许多来自身边老人的积极反馈。有一天，刘思源坐在窗前，又看到那列长长的队伍，他突然产生了一个深深的困惑：对老年人来说，用视频号学习智能手机的操作步骤是不是太烦琐了？

他想，自己的姥姥是一个连挂断视频通话都不会的老年人。要看到智能手机的操作步骤，就要先进入微信使用视频号，然后要找到“关爱银发”的视频号。老年人记忆力不好，也许需要边看边学，就需要身边有两部手机。如果一遍没学会，这个流程又得重复一遍。

于是，刘思源和伙伴们决定编一本“书”。他们需要充分了解老年人的需求，以决定这本“书”需要包含哪些内容。为此，他们设计了10个问题，到公园、路上找老年人聊天。刘思源的妈妈赵雪记得，在大概两个月的时间里，刘思源经常在周末或者放学后对她说：“妈，我出门做调研去了。”

一开始，赵雪认为刘思源的调研工作肯定会受挫。在她的印象里，刘思源不是一个健谈的孩子。刘思源喜欢思考，最喜欢的游戏是玩魔方，从小学三年级开始，他就能安安静静地玩一下午魔方。

但让她意外的是，刘思源的调研工作进行得很顺利。唯一称得上挫折的是，刘思源和伙伴们用问卷星收集数据，而老人们不会用。刘思源只能一个个读问题，老人们给出回答，他再输入手机。因此，有几位老年人对他产生怀疑，最终拒绝了他。

刘思源对自己的认知跟赵雪不一样。他觉得自己升上高中后，“自然而然”地发生了一些改变，比如主动跟同学互动交流。

为了自己想做成的事，他觉得跟陌生人聊天对他来说并不存在障碍。在调研时，他还特意穿着校服，也遇到了很多心怀善意的老人。

两个月后，刘思源和伙伴们收集到了大约1000份的问卷调研结果。在分析调研结果后他们发现，90%以上的老人表示自己不会用手机，因为“没人教”“教不会”。以此为基础，刘思源和朋友们编写了一本“书”——《我来教您用手机》。

说是“书”，但它并没有书号。少年们制作了300幅左右的图片，为老年人阅读方便而放大字体，做了排版，用自己的零花钱和父母的资助款印刷了500本。因此，严格来说，这是一本由刘思源和几个同学自费制作的印刷品。

成人的世界

看到“书”，柳昱辰就决定加入刘思源的“小社团”。

“书”写得很细，他觉得甚至比很多APP的官方教程都要细致，支付宝、微信、北京健康宝、滴滴出行和高德地图等智能手机常用APP和小程序的使用方法都被囊括其中，每一页都有图片指示每一步操作。他意识到，这群人是认真的，他们在做一件或许很有意义的事。

提议写“书”的刘思源成长在一个宽容的家庭里。赵雪对他的要求是，不能只会读书，要成为一个自主、独立、有想法的人。在上高中之前，刘思源一直在提倡“尊重、平等和自由”的私立学校学习，氛围轻松。

赵雪记得，在小学二年级时，刘思源跟她说想穿一双不用系鞋带的鞋。因为刘思源的教室在楼上，他和同学们都是在预备铃响过第一声后才开始往教室跑。要是鞋带在跑的过程中被踩到了，刘思源就不能在铃声结束前冲进教室了。

充分自由的童年让刘思源学会规划自己的生活，也让他对学习保持着兴趣和热忱。在选高中时，刘思源提出要上北京一零一中学国际部，这让赵雪很惊讶。一零一中学作为北京最好的公立学校之一，对学业的要求很高。她担心刘思源承受不住这样的

▶ 刘思源在活动现场

压力。

但是刘思源对她说：“妈，您知道吗？我想跟更优秀的人在一起。”他说，自己以后总要见识更大的世界，到竞争更激烈的环境里，那还不如早点儿开阔眼界，早点儿长大。赵雪被他说服了。她欣慰地意识到，儿子正像她期望的那样成长。

为了给更多老人免费赠“书”，刘思源想跟社区合作。第一次打电话给社区时，他坐在学校湖边的长椅上，磕巴地说自己是高中生，想进社区给老人免费发“书”。对方质疑他是骗子，不等他解释，就劈头盖脸地数落他。他在电话这头又羞又气，有那么一瞬间，他想把手机扔进湖里，也不想管这个项目了。

还有一次，他给一个街道办事处送了200本“书”，对方却迟迟没有反馈。他打电话过去问，对方回复他：“你怎么能在结尾感谢别的街道办事处呢？这些‘书’我们发不了。”

柳昱辰给海淀区的好几个社区打过电话，但他的提议都被拒绝了。直到现在，柳昱辰还是感到很困惑，他不明白这些社区为什么要拒绝一个这么好的项目。

借由这个小小的公益项目，少年们窥见了成人世界的一角，有受挫的时候，也有好的时候。

在一次跟朋友聊天时，赵雪提到了儿子的“书”和公益项目的瓶颈，朋友在电话那头激动地说，自己刚在云南参加了一个教老人用智能手机的公益活动，跟刘思源做的事非常像，刘思源或许可以尝试寻求他们的帮助。

朋友说的公益活动是蓝马甲行动，一个隶属于浙江蚂蚁公益基金会的助老项目。相比刘思源和他的同学们，蓝马甲行动看到了老年群体更大的困境，能做的事情也更多。在中华人民共和国民政部的支持下，蓝马甲行动与全国各地的社会工作服务站合作，为老年人提供智能手机培训、防骗反诈知识普及等服务。仅在2022年“敬老月”期间，蓝马甲行动就在上海、杭州、重庆、合肥等10余座城市，举办了上千场社区服务活动。

从妈妈那里听说后，刘思源又通过网络详细了解了蓝马甲行动。那天，坐在窗前，他感到一种被认可的愉悦感。

在与成人世界短暂交锋之后，他曾怀疑过：自己是不是错了？是不是在做无意义的事情？现在，他看到，一群更成熟、更有力量的人也在做跟他相同的事情。虽然与蓝马甲行动项目组从未谋面，但他觉得自己有了后盾。

“数字遗民”

2022年秋天，在自己家所在的农大南路社区，柳昱辰得到了一个进社区的机会，这也是项目小组第一次在线下教老人用智能手机。

约定的时间是在一个周日上午。头一天，柳昱辰花一下午时间，把“书”中的几章内容做了一个宣讲PPT（幻灯片），他准备用40分钟宣讲，留10分钟回答问题。但从第10分钟起，老年人的提问就没停过。于是，柳昱辰和伙伴们转变策略，改成一对一解决老人的问题。

那天，柳昱辰答疑用时最长的是独居老人王向明（化名）提出的问题：如何在网上交纳党费?

王向明的智能手机比一般智能手机大，接近于一个小的平板电脑。但因为眼花，王向明在聊天群里找不到负责收党费的人；他的手也有些抖，看准一个头像按下去，却总点到了其他位置。于是，柳昱辰打开群成员名单，一个个给他念名字。五分钟后，人找到了，但王向明不会转账。

要想转账，得先绑定银行卡。王向明从身边的手提袋里掏出一个笔记本，上面密密麻麻写满了不同的账号和密码，其中包括银行卡的卡号，每一个卡号后面都跟着密码，王向明还用不同的颜色和符号在旁边做了标记：这张卡余额多，那张卡缴水电费……

王向明把笔记本摊开，指着其中一串卡号对柳昱辰说，绑这张卡，请你帮忙操作。柳昱辰愣了一下，他双手接过记录着老人全部密码的笔记本，仿佛接过一位老人全部的信任。

交纳完党费后，王向明向柳昱辰讲起自己的经历。几年前，他的老伴突然中风倒地，永远离开了他。看着还在穿短袖的柳昱辰，王向明反复叮嘱，一定要注意保暖，尤其是冬天，室内室外温差大，一定要穿好衣服再出门，他的老伴就是因为没有注意保暖而去世的。

柳昱辰记得，王向明说话时仿佛嗓子里有痰，他的声音让人听不真切。但柳昱辰从王向明磕磕巴巴的嘱咐中听懂了老人的意思，老人希望回馈柳昱辰，方式是分享自己的悲痛经历，以及自己从中学会的生活经验。

那个上午，柳昱辰一直在想自己的姥姥和姥爷。

姥姥很想学会用智能手机，但她耳朵不好，学习能力不强，所以一直没学会。姥爷耳聪目明、逻辑清晰，但姥爷是一个不习惯用电子产品的人，就像诗人西川所写："一个人老了……像旧时代的一段逸闻，像戏曲中的一个配角。"

过去，姥爷是一个有文化、受敬重的人，他在"文革"之前就读完了高中，尤其擅长数学。退休以后，姥爷最喜欢的事情是做数独。从柳昱辰开始记事起，姥爷就会在各种各样的纸板上做数独，自己出题自己解，每天都要玩几个小时。

但对姥爷来说，使用智能手机比做数独难多了。还在北京时，姥爷向柳昱辰请教过很多关于智能手机的问题，也短暂地"驯服"过智能手机，但很快，苹果手机的"HOME"（返回）键消失了，手机界面一次次更新。柳昱辰记得，大概在2018年，微信的图标从白底变成了绿底，于是，姥爷经常找不到微信，或是错点成"短信"。

"手机的系统和APP更新、迭代的速度太快了，老人可能刚学会，好多界面就变了。"柳昱辰说，互联网的发展速度是按照年轻人的节奏来的。在这个日新月异的时代里，生活节奏指向高速、高效、便捷，逐渐遗忘了那些"旧时代的逸闻"。

作为出生于2008年的"网络原住民"，他有时也感到困惑：为什么我觉得挺简单的一件事情，对老人们来说却那么困难呢？他没有答案。

在活动结束后，柳昱辰觉得心里有说不出的难过。于是，他给姥姥和姥爷打了电话，但只分享了自己最近的学习和生活情况。

学习如何面对衰老

一本简单的“书”带来的改变，以及被困在数字时代的老人们对它的渴望，是少年们没有想到的。

2023年春节，柳昱辰回到老家，他惊喜地发现姥爷使用智能手机的熟练程度明显提高了。在家人群里，姥爷经常会转发一些视频号的链接；在电视上找不到想看的节目时，他也会翻着“书”，看看如何在智能手机上看电视节目。

2023年3月中旬，刘思源收到了五封信。2022年11月，他和《我来教您用手机》的故事被刊登在《北京晚报》上，五位老人看到后，写信给他。老人们在信中写道，他们想学如何使用智能手机，问如何才能得到这本“书”，他们可以出钱买。

可是老人们的挂号信在北京城慢悠悠地转了小半年才来到刘思源的手里。其中一对80多岁的老夫妻等得着急了，在天气回暖的2月底，坐了近两个小时的公交车来到一零一中学找他。

老人们想要一本书，为了表示诚意，脖子上挂着公交卡的老爷爷拿出一份《北京晚报》，在与刘思源相关的部分，他用红笔画满了反复研究的关键信息：不会使用手机、没人教和学不会、想学北京健康宝扫码、线上支付等。老爷爷说这些情况他都符合，问是不是可以得到一本“书”。

还有一位老人，通过《北京晚报》的记者得到了一本“书”。联系上刘思源后，他跟刘思源说：“你好，小刘！你做的是善举，从今天起，我会每天早晨给你发‘早上好’，含义是平安、快乐、如意。我知道你现在上高二，学习压力大，又忙于社会公益，你不用回复我。”

于是，这位自称为“老李”的银发老人，每天早上七点半左右就会准时给刘思源发消息：早上好。

对于一个“小社团”到底要做成什么样的事情，刘思源没有明确的预期。于是，他和伙伴们联系上蓝马甲行动项目组，希望能加入蓝马甲行动，到更大的天地去看看自己还能做些什么。

中华人民共和国国家卫生健康委员会老龄健康司预计，到2035年前后，我国60岁及以上老年人口在总人口中的占比将超过30%，我国将进入重度老龄化阶段。

作家周大新曾在一次杂志采访中说：“在这个世界上，如果单从年龄的层面上说，其实只存在着三种人：已经变老的人、即将变老的人和终将变老的人。”在这个人口老龄化程度不断加深的社会里，学习如何面对衰老可能将成为每个人的必修课。

这也是参与“关爱银发”公益项目的高中生，以及参与蓝马甲行动的青年人想做的事，向被数字时代落下的老年人伸出手，扶着他们优雅地老去。因为在未来，被搀扶的终将是年轻人自己。

六　发挥余热的“西湖阿姐”

老人教老人学英语

最近每周，陈幼娟都会抽时间去杭州西湖边做志愿者。有一天，她遇到一位老外，对方向她咨询杭州公共自行车的租赁费用，她一一解答了。对方又问了些其他问题，但她没能答上来。

于是，她把这些问题都写在了随身携带的一个小本子上。回到家后，她对着有道词典，把这些问题一个个解决了。

陈幼娟已经69岁了，染了一头金发，穿着白色紧身旗袍，一双肉色丝袜配着雅致的黑皮鞋，身材窈窕。从她的背影看，她完全不像快70岁的人。

2023年7月，她加入一个新的志愿服务组织——“西湖阿姐”。这是浙江蚂蚁公益基金会蓝马甲行动联合西湖区委宣传部文明办成立的一支亚运会特殊服务队。有八年参与公益活动经验的陈幼娟希望找到一个能更好地发挥自己能力的志愿服务平台。

▶ “西湖阿姐”与蓝马甲志愿者（左一为陈幼娟）

在她看来，“西湖阿姐”是一群知性女性。这个群体汇聚了50岁到70岁的女性，分别从事过高校教学、金融投资、通信管理、科学研究、机关事务等多个领域的工作。其中不少人都能说一口相对流利的英语，充满活力，热爱公益事业。

在面试时，陈幼娟主动用英语介绍自己的职业经历，很顺利就被录用了。

进入“西湖阿姐”这个志愿服务组织之后，她曾经进社区给老人宣传学英语的活动。当着众多老人的面，她用英语介绍自己的工作和年龄。很多在座的老人比她年纪还轻，他们非常震惊，竟然有一位69岁的老人会讲英语。

陈幼娟擅长调动现场气氛。她发现在通常情况下，女性比男性更有表现欲，也会更大胆地进行口头表达，即便说错了也没关系。相对来说，男性更扭捏一些。

但是，陈幼娟偏偏要让男性老年人也参与进来。她先叫了两位看起来活跃的女性主动说几句英语："Nice to meet you, May I help you？"（很高兴见到你，我能为你提供帮助吗？）

然后，她要求有一位男性参与互动。在场的只有三位男性，她叫了其中一位，对方没站起来。她放慢了语速，重新讲了一遍。对方站起来了，磕磕巴巴地讲了一遍。

虽然这位爷爷的发音不标准，但他能勇敢地站起来说英语，还是赢得了大家的掌声，也让课堂氛围更加活跃。

"用老年人带动老年人，这样效果更好。这些老年人会觉得如果别人都行，那自己也行。"陈幼娟说。因为参加公益活动，她跟不少在支付宝工作的"90后"打交道，发现这些年轻人都很有想法。

短短两个多月，她和"西湖阿姐"还参与了给大家介绍支付宝购票功能、防诈骗知识、亚运会现场相关知识等项目，收获丰富。

第二人生主打学习

大多数退休人士都会重新思考自己的第二人生。陈幼娟没有选择去广场上唱歌跳舞，而是把时间用在自认为有意义、有难度的事：上老年大学学英语、在西湖边做志愿者，还有写作。

她的人生观是：只有挑战才是有意义的事情，并且这种挑战欲跟年龄无关。

“唱歌跳舞我都会了，我要干点自己不会的事情。”她不想在一群老人里跟着大家聊柴米油盐、家长里短，她觉得那样是浪费自己的时间。

迄今为止，陈幼娟学英语已经十年了，在西湖景区做志愿者也有八年了，堪称西湖的活地图。

对陈幼娟来说，最大的挑战莫过于从零开始学英语。从2013年开始，她到老年大学上课，“啃”起《新概念英语》，家里贴满了英语单词。陈幼娟到西湖边做志愿者，也是因为那里外国人多，她希望自己能把英语实际用起来。

▶ 陈幼娟在给外国游客指路

有一次，陈幼娟在长桥公园微笑亭休息。有一位老外走过来，用一口并不流利的中文问她："丝绸博物馆怎么走？"她用英语回复对方："Please turn right at the first traffic light intersection ahead, then go straight, walk for ten minutes, and then turn right.（请在前面第一个红绿灯路口右转，再直走，走十分钟再右转。）"

听到陈幼娟这么说，对方愣了一下，没想到这位志愿者还能说英语。

陈幼娟回家后，在感到骄傲的同时又有些遗憾，她琢磨了一下，自己的回答还是有瑕疵的。她用有道词典重新查了一遍单词，把完整准确的表达写在本子上。

做志愿者的收获比她想象的收获还要多：当她能用英语给外国人指路的时候，她体现的不只是自己的能力。从某种程度上说，她觉得通过志愿者的良好服务形象这个窗口，可以提升杭州的城市文明形象，让中外游客感觉，一个退休的老人都能讲英语，更不用说这片土地上年轻人的素质之高了。

对她来说，学习是一件永不停歇的事。一旦没事做，她就会在志愿者亭子里背单词、学语法。她总觉得自己的能力还有可以提高的地方，总觉得自己学习的时间不够多。

障碍是客观存在的。比如因为衰老带来的记忆力衰退，好些时候，她总是记了又忘，这让她体会到很深的挫折感。

为了把英语单词发音说标准，陈幼娟经常把志愿者培训课程中学到的英语单词发给远在欧洲工作的儿子，让对方在微信上念一遍。儿子每次都很认真地念了，还会提醒母亲："妈妈，我认为这段话对你来说，难度实在太高了。”陈幼娟会反复听儿子给他发的语音，直到自己精确掌握了每一个单词的发音。

她半开玩笑地说，儿子觉得她的发音不标准，只是没直说。事实上，这对母子都是对自我要求极为严格的人，也不怕被他人嘲笑。

敢于学习的人，骨子里不畏困难。比如最近遇到一个词组：“peripheral goods ”（周边商品），她反复念了一周，才掌握了准确的发音。

年纪大的人经常要面对记忆力变差的问题。陈幼娟靠重复练习来克服这个困难。另外，她逐渐发现英语单词的发音是有规律的。她能领悟这一点，多亏了她最近遇到的英语老师，那是一位擅长传授方法论的好老师。

在没有任何外界要求和鼓励的前提下，陈幼娟坚持学了十年英语。虽然成绩不算特别优秀，但她认为自己精神可嘉，“坚持下来就很厉害了”。

自然而然，学得越多，犯的错误也就越多，纠正的错误也就越多。在成为“西湖阿姐”不到两个月的时间里，陈幼娟的小本子已经快被翻烂了。

最近，陈幼娟又找到了一个学习诀窍——学会放松。因为她发现，有些单词越是想记住，越不容易记住，先把这些单词搁置在一边，过几天反而容易记住。

陈幼娟认为，学英语需要“精神气”。对于一名优秀的志愿者而言，“精神气”同样是最重要的。

这种“精神气”体现在每一个动作里，陈幼娟自信地认为，在这方面，自己的状态是最昂扬的。

每当有游客向她问路时，陈幼娟总会直直地伸出右手，五指微张，笃定地指向前方。

“要对准方向，钱塘江也在前面，灵隐寺也在前面，龙井也在前面，指路的人要把引导交通方向的要素讲解到位，不要笼统地一挥手，让游客一头雾水。”陈幼娟从来不允许自己指错路，每次都会把路线说得清清楚楚。“沿着主路，走到第三个红绿灯，第一座桥就是。”

她希望让来到杭州的游客感到心安。有一次，她遇到两位台湾青年，对方不知道如何还公共自行车，她花了一个多小时帮助他们。当问题解决时，刚好夜幕降临，她感到特别快乐。

▶ 作为蓝马甲志愿者的“西湖阿姐”和年轻人

三十年过去了，英语没有荒废

许多“西湖阿姐”都是知识分子，有着很好的职业经历和教育基础。出生于1970年的李方也不例外，她上大学时，主修专业是德语，辅修专业是英语。

毕业后，李方几乎没有从事过跟外国人打交道的工作，很少有机会用英语。30年过去了，她没想到自己终于又讲起了英语。

在亚运会开幕之际，新华社带着一个由十几人组成的外国媒体团，在西湖边参观游览。李方作为“西湖阿姐”志愿者被活动组织方邀请，向外国媒体团介绍在亚运期间，各国宾客可以用手机购买亚运比赛门票，以及使用支付宝在杭州出行、游览、消费的便利性。

在介绍的过程中，外国媒体团的记者提出让她介绍一下西湖。因为这方面她事先没做什么准备，所以只能临场发挥。她介绍了西湖和湖上的白堤和苏堤，她指着远处的白堤，讲述了它的名字的由来，介绍了唐代诗人白居易以及那首脍炙人口的古诗《忆江南》。“江南忆，最忆是杭州……”应其中一位记者的要求，她流畅地背诵了这首古诗。

在整个过程，同行的人评价她看起来落落大方。实际上，李方心里紧张得很，基本靠临场发挥。她说：“我豁出去了，硬着头皮往前冲。”

顺利完成这次任务对她来说是一种激励，她觉得很欣慰，她说：“虽然自己已经是老人了，但30年前学的英语还是有一点儿用，没有荒废。”

在杭州，会讲英语的老人并不多。李方也曾经两次进社区做针对老年人的志愿活动。她发现，讲英语对多数老年人来说还是很困难的。就算是最简单的日常交流，老年人也听不明白。李方说：“毕竟他们没有一点儿基础，一下子很难学会。”

她鼓励老人们学学英语，以后还能跟孙子孙女交流。

李方同样把学习当成退休后的主业。她和陈幼娟都认为，讲英语是一件自然而快乐的事。

两年前，她报了西湖区老年大学的英文歌曲班。课堂上教的多数是经典歌曲：*Memory*（《记忆》）、*Remember Me*（《请记住我》）、*Yesterday Once More*（《昨日再现》）……

她发现学习这门课程的好处真不少。唱英文歌曲不仅能够巩固英语知识，唱歌本身也能让人心情愉悦，在歌唱过程中的呼吸吐纳还能提高人体肺功能，对老年人的身心健康很有裨益。

她曾报过老年大学的“新概念英语”课程，但对她来说，那还是太简单了，她只能把课程退掉。

英文歌曲班是西湖区老年大学的特色班，歌曲和歌词的难度都不低，有些老人学着学着就放弃了。留下来的，都是年轻时有些英语基础的老人。

她对课堂上一位浙江大学的退休教授印象特别深刻。这位老教授年轻时学的是俄语，英语完全靠自学，所以基础比较弱。但这位老教授特别认真，常常把不会的单词标注上音标，一个个反复念。遇到实在不懂的，老教授还会主动请教李方。

学习了一辈子的“新老人”

在李方看来，学习对老年人来说非常重要。她发现一些老人茶余饭后只是看看电视、“刷刷”短视频。这些当然也是接收新信息的途径，但是这些方式不需要动脑，完全是被动接收。主动地学习和思考却大不相同，需要运用自己的观察力、记忆力、逻辑思维能力等，可以很好地锻炼大脑，可以延缓老年人大脑的老化和衰退的速度，对预防阿尔茨海默病有一定帮助。

老年人的学习途径有很多。

据李方观察，这几年杭州市的老年大学很受欢迎，有的课程甚至要摇号才能报上名。李方说：“许多人认为老年人该退出社会了，这个观点其实有问题。”老年人跟年轻人一样有好奇心，但学习目的更纯粹。因为老年人时间多，也没有功利的目标，反而更能沉浸于学习本身的快乐，“纯粹是为了学习而学习”。

在过去几十年里，李方曾经有意保持自己的英语能力。回顾下来，她唯一学习英语的机会是陪伴孩子学习英语。

她属于学习型母亲。在大女儿念小学时，她为了辅导孩子学英语，自己把原来学过的英语知识重新捡起来。在早晚接送孩子的路上，她在车里播放英语听力材料的音频，和孩子们一起学习。她的两个孩子的英语启蒙都是由她主导完成的。在批改孩子课外英语作业时，她会自己把题目做一遍，找出孩子错在哪里、为什么错，并且把错误原因讲解给孩子听。她说：“在批改和讲解的过程中，我自己的英语水平也得到了巩固和提高。”

在孩子上高中后，她原有的词汇量就跟不上了，于是开始背新单词。前后加起来十几年，她才把英语能力保持下来。

她的志愿者伙伴陈幼娟，也一直把学习当成人生的第一要务。

学习需要自律。陈幼娟每天吃完早餐后的第一件事就是阅读。最近，她读完了稻盛和夫的《心》和古斯塔夫·勒庞的《乌合之众》。除了阅读，她还养成了在笔记本上抄写精彩内容的习惯——这样她就能再消化一遍，学得更深入。

“一人独处时，他可能是个有教养的人；一旦加入群体，他便成了一个野蛮人，凶残、易怒，充满暴力。”她特别喜欢《乌合之众》的观点，她说：“这本书太有深度了。”

中午是陈幼娟练习瑜伽的时间。她跟着中央电视台的一档瑜伽节目，已经练习瑜伽20年了。也因为这个习惯，除了膝盖有点关节炎，陈幼娟几乎没有患慢性病。下午是陈幼娟学英语的时间。晚上，陈幼娟有时会专心写作。她曾经在杭州城市微笑亭官方公众号上发表了一篇文章《于谦——人间始觉重西湖》。她还在美篇上注册了一个账号，时不时发表自己对人生的思考，偶尔文章的点击量过万，她就会有些得意。

结束了欧洲之旅后，她写了一篇关于当地华人生活的文章。上次为了写新冠“阳”后的心得体会，她甚至熬夜到半夜两点，困了就靠一杯咖啡撑着。写作跟学英语一样，陈幼娟也是从零开始。在写作过程中，她要求自己不能只是就事写事，必须进一步提炼出对社会、对人生的观察和体悟。

因为日程充实，陈幼娟忙到没时间散步，一日三餐都是丈夫做的。她很感激丈夫支持自己对学习的热爱。

跟年轻时候一样，她喜欢打扮，夏天经常穿不同花纹的裙子，有时紧身有时宽松，但都有她自己的味道。

陈幼娟无法理解为何有些老年人不注重外表。有的老年人还拿子女的衣服穿，好像无所谓外表了。“年纪大了之后，皱纹多了，皮肤也黄了，人不是更应该精神一点儿吗？穿得秀气一点儿、精神一点儿，也是对别人的尊重。”陈幼娟说自己是不会穿子女的衣服的，绝对不会。

她想起过去，身边朋友总对她说：“陈幼娟，你喜欢打扮，又很爱学习，真奇怪。”

因为时代的原因，她初中毕业后就上班了。那之后，她一边工作一边读夜校，先是拿下了会计专业的中专文凭，后来在40岁左右取得了大专文凭。她还继续申报、考取各种职称，几乎没停下来过。

长久以来，陈幼娟入夜后的时间都是用来学习的。直到晚上十点，她才开始洗衣服。邻居都知道，陈幼娟到了深夜才把衣服晾出来。

平时，她还鼓励自己在司法系统工作的丈夫好好学习，但对方性情却比她懒散。她琢磨了一个办法，自己写的每篇文章都要给丈夫看看，让对方提意见，逼着他思考。“他其实是有水平的，就是懒。”她笑着说。

对她来说，学习是一辈子的快乐事，跟吃饭、喝水一样，是日常习惯。她从学习中还收获了智慧和平和的心态。

“阅读能让人的心胸变得宽广，哪怕身边总有事情冒出来，心里不会太急，理性分析一下问题到底出在哪里，不会有点儿事就鸡飞狗跳。做老人，就要思考自己和子女的关系、跟丈夫的关系、跟生死的关系。当你躺在床上了，你该如何审视自己。”

在陈幼娟看来，学习还是老人自强的表现。她在老年大学认识了一位近80岁的老人。有一回，老人家里的冰箱需要挪动，老人都没麻烦子女，自己利用物理知识琢磨出了办法：在冰箱底部装了两个轮子。

这些思考沉淀下来后，陈幼娟计划近期写一篇文章，标题是《如何成为一名“新老人”》。

“除非我眼睛看不见了，读不了，不然我会一直看书。”她笃定地说。

儿子也被她的学习精神打动了，对陈幼娟说：“妈妈，你一定要出本书，我一定会支持你的。”

蓝马甲

第二部分

一些“笨办法”

一　在骗子找到老人的第二天，大篷车进村了

智能时代的社会按照年轻人的节奏运行。人数即将突破3亿的中国老年群体，成了数字世界的“被遗忘者”。身处偏僻乡村的老人更为沉默——被主流都市隔绝在外，又被现代科技遗忘。骗子们却乘虚而入，在这块“下沉市场”野蛮“生长”。

隐蔽角落里的老人

蓝色的大篷车行驶在盘山公路上，暴雨倾盆而下。这条横亘在海拔1500多米高山上的公路，被称为“天径”，一边是山崖，一边是云雾。雨刮器刮不开车窗前的水幕，司机降低了速度，还要避开山上滚落下来的石头。

江波心中焦急。他没想到，在浙江这样经济发达的省份还有山高路远的景宁畲族自治县，70%的村落海拔在600米以上。

▶ 活动现场

作为志愿者，江波和同伴们的任务是和骗子进行一场时间竞赛。

附近地区刚发生过一起诈骗案。一个陌生人来到沿海的村子里，声称手上有旅游团的资源，想预订住处，找当地开办民宿的村民“合作”——由民宿老板先付定金，自己当中间人找来客源。许多儿女不在身边的中老年人上了当，每个人交出去几万元。等他们反应过来，已经联系不到对方了，钱全都打了水漂。

这种新的“民宿骗局”越来越常见，而正在打造旅游景区的景宁，极有可能成为骗子的下一个“目标市场”。

江波和同伴们驾驶的这辆厢式小货车，通体漆成了蓝色，印着明晃晃的大字：蓝马甲助老防骗公益行。进村之后，他们将车内的物资卸下，在车厢侧面升起一块硕大的车载LED大屏幕，加上几块展板，就搭建起一个带有咨询台、游戏区的“反诈集市”。

见老人们围上来，江波大声招呼：“我这里有一款口服液，国外进口的，包治百病，你信不信？”老人们愣了一下才反应过来，这就是诈骗犯的典型话术。

2023年6月，江波跟着大篷车一口气跑了景宁的五个乡镇。他和同伴们走街串巷，开办公益讲座，提高乡村老人的防骗意识，教他们使用智能手机。

这里的反诈骗形势异常严峻。这些村庄非常偏僻，很多村庄在地图APP上都找不到。在村庄留守的多数是老人和孩子，他们对瞬息万变的数字世界一知半解。

一位70多岁的独居老人，与儿子已经很长时间没有见面了。儿子工作一忙，有时连春节也没法回家。老人家里就放着一部智能手机，但老人不会用微信。在志愿者帮助老人学会视频通话的那天，老人捧着手机，端详视频通话中儿子的面庞，久久不肯放下手机。

正因为信息闭塞，无孔不入的骗子往往三言两语就能获得老人的信任。

在一次蓝马甲行动组织的助老防骗讲座上，一位奶奶急着发言。她在前一天刚刚接到过一通奇怪的电话。电话那头的人自称是“公检法人员”，准确地报出了她的真实姓名、身份证信息和家庭住址，并说奶奶涉嫌某个刑事案件，要求提供银行卡等个人信息核实。她相信了。

另一位奶奶紧接着说，就在不久前，她遭遇了理财诈骗，刚

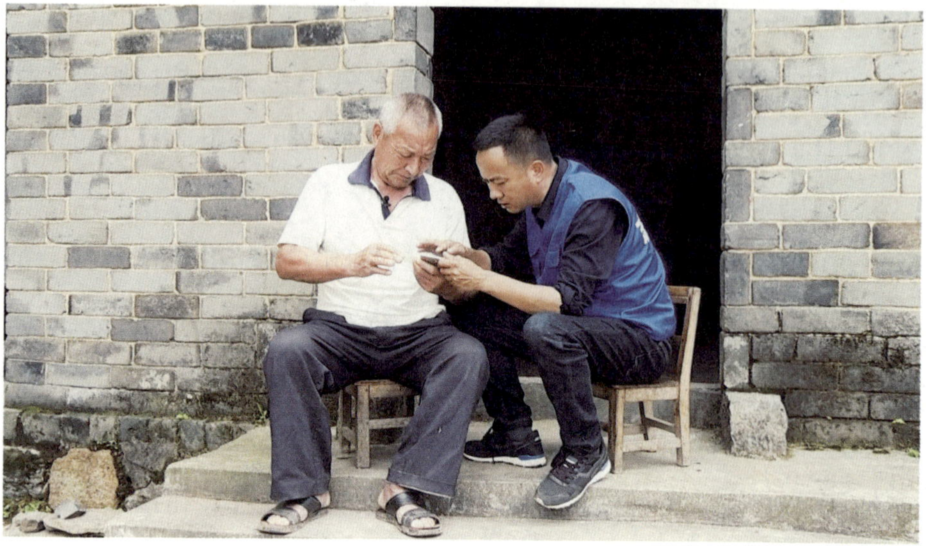

▶ 大篷车开进德安县丰林镇，蓝马甲讲师闵平帮助一位八旬老人第一次使用微信与子女视频通话

把银行账号、密码和验证码发给对方，卡里的钱就被转走了。

每次听到这样的事情，江波总是觉得特别遗憾，如果他们能早点儿到，结果可能会完全不同。一旦钱财被骗走，损失就很难挽回了。他接触过的被骗的老年人，损失在几千元到几十万元不等。损失钱财金额最大的是一位大爷，因为算命，他被骗得倾家荡产。

国家统计局发布的数据显示，2021年，我国60岁及以上人口达到26 736万人，占全国人口的18.9%。按江波的经验，超八成老人学会使用电子产品新功能需要被指导4～10次。大多数生活在乡村的老人缺乏学习条件，迷失在数字世界的符号丛林里，似乎成了这个数字化时代的“弃民”。

这种情况是谁都不愿意看到的。

“骗子下沉”

报名成为蓝马甲志愿者，是24岁的江波给自己规划的一场特殊的“毕业旅行”。他在江西农村长大，熟知当下乡村的情况。

江波刚走进一位老人的家，就看见新装上的一台老人花了3700元买来的净水器，市场价格最多几百元。屋子的一侧，堆放着几包老年燕麦片、两瓶假茅台酒，还有许多装着来路不明的保健品的瓶瓶罐罐。稍有经验的人都看得出来，老人上了推销骗局的当。

那群人总是开着一辆面包车来到村里，摆上鸡蛋、小扇子、水杯之类的小礼品，先找一两个看上去好说话的老人，拉到一边，承诺给几百元优惠，由老人带动其他熟人，一个上午就能哄七八个老人买下一堆劣质产品，轻松赚走两三万元。

数字化未能覆盖的角落，让位给了诈骗团伙。媒体将近年来乡村老年诈骗案件频发的现象称为“骗子下沉”。

从2023年5月开始，“蓝马甲大篷车”开进了重庆、九江、湖州、丽水、杭州等地的70个县（区）、400多个街道乡镇，平均每天行程超过百里。

走了几百个村子之后，江波发现，农村老人的警惕性普遍比城市老人的警惕性更低。鸡蛋之类的小礼物就能把老人吸引过

▶ 大篷车驶向村镇

来。在重庆时，志愿者们刚到村里，宣讲场地还没布置好，一些热情的“孃孃（四川话，表示老阿姨）”就走过来跟志愿者聊天、拉家常，聊得起劲，连家住哪里、儿女做什么工作，都跟陌生人交了底。

有时候，乡村反诈骗工作也会让基层管理者犯难。在江西九江的一个村子里，前些年给老人推销产品的骗子不少。时任村主任闵平上前警告，一群老人却反过来埋怨他：“我们领点儿小礼品，你都觉得不舒服吗？”闵平的父亲甚至也指责他：“又不是只有我一个人买，大家都买了。那大家都笨，就你聪明吗？”

由于村里的年轻女孩大多外出打工了，光棍儿问题成了农村老人的大烦恼，也导致了婚姻诈骗频发。闵平曾在街上遇见舅舅急匆匆赶往派出所报案。一问才知道，老人花了十几万元为儿子娶来的儿媳妇，不到一个月就跑了。那段时间，闵平身边有10多起因“杀猪盘[①]”“娶媳妇”被骗的案例，金额多为数十万元。

骗子甚至会伪装成领导干部，吓唬老人们。闵平就遇到过一位自称是镇上“党委书记”的人，以在村里做工程接待某位老板为由头，向他借两万元，说：“我不好出面，回头给你钱。”

如果不是深入到村子里，人们很难发现这些老年世界的隐蔽角落。

江波在走访的过程中发现，一些老人平时不吭声，等到只有志愿者在的时候，才悄悄拿出手机问：“你看一看，我是不是碰到诈骗案了？”突然到访的陌生人，可能是老人唯一的求助渠道。

事实上，老年人爱“贪便宜”、爱买“保健品”，志愿者们并非无法理解。那些最容易受骗的，往往是患有慢性病的老人。

了解到这些情况，志愿者们明白，农村老人最需要的不是等诈骗案件发生后报警维权，而是提前干预，宣传防诈骗知识。正因为此，闵平后来也加入了江波所在的志愿者团队，成为蓝马甲讲师。

在原本经济实力就相对薄弱的乡村，一次被骗就可能摧毁一个家庭。

在大篷车到达的江西九江的乡村，过去，村民们的生活在很大程度上要靠外出打工的年轻人维持，但如今年轻人的生活压力也很大。

---

① 杀猪盘是指诈骗分子以网络交友、婚恋做幌子，进行诈骗。

诈骗团伙屡屡进村，留守老人稍有不慎，动辄就会有几万元的损失，让本就不富裕的家庭雪上加霜。

最"笨"的解法

即使是生活在城市里的老人，在快速运转的数字社会面前，也会感到无所适从。

在大篷车下乡之前，蓝马甲行动已经在城市社区开展活动两年了。2020年9月，以"手机不会用，安全防诈骗，就找'蓝马甲'"为口号的蓝马甲行动开始试运行，志愿者们在小区摆摊或上门拜访，开设助老防骗讲座和老年人课堂。2021年，蓝马甲志愿者们固定时间，在银行、超市、药店等老年人聚集的地方，设立服务驿站，全天为老人提供服务。

杭州民警刘献国也加入了蓝马甲志愿者团队。在浙江大学附近的28路公交车站，刘警官发现，在那里等车的，有时全是老年人。因为公交车既能付现金，也能刷老年卡。就算有急事，他们也很难拦下一辆出租车。出租车招手即停的时代早已远去，只留下拿着"老人机"无所适从的老人。

不久前，社区管辖范围内的一家酒店里来了一位80多岁的老奶奶。她无儿无女，跟老伴离了婚，卖了房子，分到了一部分钱。老人喜欢写字、画画，总把酒店的房间收拾得干干净净。

即使是这样讲究的老人，也会在智能手机面前败下阵来。老人总会觉得，手机里会多出一些莫名其妙的APP；频繁跳出的广告刚关掉一个，又弹出一个；手机里的账户余额总在减少，不知道被什么流氓APP扣费用了。

在查询账户余额时，一个突然出现的女声让老奶奶吓了一跳。她找到刘警官求助："是不是有人通过手机监视我？"刘警官拿过手机，看到屏幕下方的声波条纹图案。"不是有人监视您，这只是手机里的语音助手。"刘警官意识到，数字世界里一个简单的功能就能成为老人恐惧的来源。

从农村进城的老人的情况更不乐观。一对老人搬到杭州，和女儿住在不同的小区。让人难以想象的是，在杭州定居20多年

▶ 蓝马甲志愿者在路上

来，老大爷几乎都待在家里，只有老太太愿意外出走走。老人出行最远的目的地，是小区附近的商店、超市。“其他地方我都不敢进去，小区附近的店是可以付现金的。我们没有智能手机，不敢去大商场，害怕麻烦别人。”老人说。

防骗助老最有效的方式就是上门，一对一走访。让刘警官感到为难的是，社区里有4000多位老人，哪怕其他工作都不管，他每天最多也只能探访五位老人。就算日日无休，他也要两年多才能走访完。光靠户籍警开展防骗助老活动是不现实的。

针对数字鸿沟、老年诈骗案件发生频率更高的乡村地区，用大篷车这种走街串巷的“笨方法”，也是这场持续两年多的蓝马甲行动的一次全新的探索。

每结束一场大篷车活动，江波和团队成员们都会在现场合影，至今已经拍了四五百张照片。他们深入田间地头，也发展了许多村干部、民警、参与活动的老人成为志愿者，面对面、手把手去打通公益助老防骗的“最后一公里”。这种地毯式“扫盲”，是最“笨”但也最有效的助老防骗的方法之一。

无依之地

接触的老年人多了，江波发现，在被骗之后，他们尤其“擅长”沉默。

在蓝马甲行动组织的助老防骗讲座上，老人们常主动聊起自己受骗的经历，但80%的人都会以“我有一个朋友”作为开头。一位老人说，自己的一位朋友用养老金投资“返利理财产品”，没过一两个月，里面的钱就被全部转走。坐在旁边的老人忍不住的笑声惹得他神色困窘。自然，所谓的“朋友”，其实就是老人自己。

随着年龄增长，老人的生理功能逐渐衰退。再加上退休、失去经济来源、丧偶、儿女离家等因素，老人容易产生失落感。在这种时候，他们强撑面子，是为了保护自己最后的尊严。被骗后，他们往往不敢告诉子女和亲戚，甚至不敢报警，只能自己苦苦承受。志愿者见过村子里的老人，因为被骗，躺在床上三四

▶ 大篷车助老防骗活动现场

天，愁得吃不下饭，如同得了一场大病。

一位想学习如何使用智能手机的老人“吐槽”说，他的子女并不想让他接触互联网，既怕老人沉迷手机，又担心他遭遇电信诈骗。

这种粗暴的解决方式消除了风险，但也扼杀了老年人的情感需求。在线下参加助老活动时，苏梦琪就遇到过一位想学习如何使用智能手机的奶奶。奶奶的儿女不在身边，唯一的消遣就是与一群跳舞的老姐妹交流，其他老人常常录下视频发到朋友圈和视频APP上，在网上互动、点赞。这位奶奶却只有一部“老人机”。不会用智能手机，成了老年人的社交障碍。

2021年12月23日，南都大数据研究院、中山大学国家治理研究院、中国老龄产业协会联合发布的《2021智慧助老模式观察报告》显示，年轻人和老年人在智慧助老方面存在“供需”认知差：年轻人以为老年人需要学防骗知识就够了，但半数以上的老年人其实更想学如何网购、拍摄短视频和直播。

在大篷车助老防骗活动现场，志愿者们常常遇到一些小心翼翼的老人，明明没有听懂，却还是“哦”“好”地答应，不敢多问。有的老人会主动道歉：“对不起，我什么都不懂。”或许是因为身处的环境不够友善，老人们形成了条件反射。

志愿者们的情感，不是同情，也并非怜悯，而是和未来的自己对话：这些已至暮年的老人，身处无依之地，需要被关注，更需要平等的沟通。

两年多来，随着来自政府、媒体、公益组织等各界人士不断加入，蓝马甲行动也从一个单点式的公益活动，变为一个由国家反诈中心、国家卫生健康委老龄健康司、工业和信息化部反诈中心指导，100余家社会公益组织携手蚂蚁集团共建的反诈助老服务平台。江波粗略统计过，大篷车直接接触的老人有4万多人，而根据之前公布的数据，蓝马甲行动至今共帮助过36万多位老人。数量不少，但在2.67亿老年人的庞大基数面前，蓝马甲行动的力量还显得很渺小。

不过，还是有一些好的迹象。

2023年6月14日，大篷车抵达景宁县一个广场开展活动，吸引了许多老年人聚集。有位老人对这批陌生人心怀警惕，怀疑是传销诈骗，悄悄报了警。警察赶来核实了情况。江波有些哭笑不得，心里却感到宽慰，老人的防骗意识强是好事。

警察走后，那位报警的老人始终不放心，一直在现场观察。直到认真听了志愿者们宣讲的防骗知识和智能手机使用方法，他才走到已经围了好几层老人的防骗知识小游戏前，开始排队。

二 “90 后”反诈讲师 和“恋爱上头”的孤独老人

小朱在，爷爷奶奶笑口开

2021年，朱庆科成了重庆“蓝马甲”的一员，教老人用智能手机和防诈骗知识是他的日常工作。

社区里的老人都亲切地叫他“小朱”。因为小朱性格“非常乐观，整天笑呵呵”，讲课幽默又风趣，大家都说：“小朱在，爷爷奶奶笑口开。”

课堂气氛需要调动，而活跃气氛是朱庆科擅长的事。“你都不知道他们有没有听进去。”每当看到课堂有老人走神，他就会开玩笑地“批评”：“这位奶奶，你不要再沉迷网聊了，来来来，你来回答这个问题。”

讲到“杀猪盘”案例，他总会来一句：“叔叔阿姨，你们都耍朋友（巴蜀方言，意为男女之间谈恋爱）了，我小朱还没有耍朋友，麻烦你们给我介绍一下。”听课的老人常常被他逗得哄堂大笑。

讲座内容通常包括两部分：一是讲诈骗案例；二是帮助老年人学习智能手机的使用方法。

讲授智能手机使用方法的课堂往往座无虚席，随着数字化生活方式日益普及，老人们都想学会在智能手机上缴纳水电费、挂号看病、查通信费用明细……

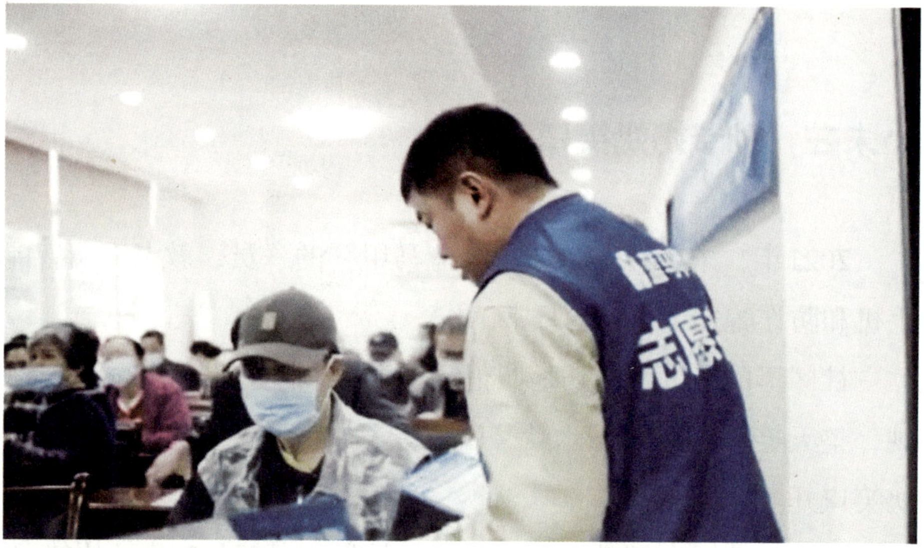

▶ 朱庆科正在为老人们上课

在课堂上，老年人最常提问的问题是如何拨打视频通话。"这在年轻人看来可能是非常简单的事，但老年人就是觉得很难。"朱庆科观察到，大部分老年人都会接视频通话，"但他们就是不知道怎么向外拨打"。

这背后的核心需求是社交。“没有哪个老年人不害怕寂寞。”朱庆科说。智能手机的出现一方面放大了老年人内心的情感需求，另一方面也帮助他们解决了这个问题。以前，老年人用“小灵通”，希望子女多打打电话，现在则非常渴望能看到子女的真实面孔。

“看到孩子本人对他们来说太重要了。要是看不到，老人心里会发慌。”

老年人也喜欢下载一些新潮、有趣的表情包，便于在家庭群里跟年轻人社交互动。“老年人特别不想被年轻人笑自己土。”

对个性外向活跃、热爱社团活动的老年人来说，使用视频平台、在朋友圈分享视频或者跟广场舞伙伴视频通话等，都是高频需求。

朱庆科认为自己不算很有耐心的人，但老年人的问题再琐碎，他都能细致解答。

归根到底，他认为这是源于一种基本的责任感。只要能真正帮助老人远离孤独的状态，他都会打心底里感到有所成就。

与老人接触的时间越长，他越了解老人的心理。这些老人特别怕麻烦年轻人，尤其担心打扰子女工作，又怕年轻人不耐烦，他们自尊敏感、容易受伤。

在公共课堂上，老人们就能卸掉这种心理负担。师生关系简单，不像亲密关系那么复杂；和一群跟自己同样需要学习的老人一起听课，“谁都不比谁厉害，不会尴尬或自卑”。

一定要当面讲故事，老人们才会警惕

前两年，跟学习智能手机的使用方法相比，防诈骗课堂不那么受欢迎。为了吸引更多老人，志愿者们得提前准备鸡蛋、蔬菜等小礼品。必要时，志愿者还得请社区党委书记出来帮忙吆喝几声。

现实甚至有些荒诞：有些老人觉得志愿者在骗人，志愿者只能找当地的民警前来宣讲真实案例。

如今，老人们对防诈骗课程的热情正在提高。这个变化背后的原因很现实：新的诈骗手段、方法层出不穷，上当受骗的老年人越来越多，金额从几万元到上百万元不等。

在现实中，绝大部分被骗走的钱财都是很难被追回的。因此，防诈骗教育非常重要。

多年防诈骗知识宣传的经验告诉朱庆科，发传单的效果是最差的，老年人几乎都不看，随手就丢了。“我们一定要当面讲课，讲故事，让他们了解真相。还要教会他们实实在在的技能，比如如何识别诈骗小程序。”

来到防诈骗课堂的老人，必须做的事就是安装国家反诈中心APP。“学会一两个技能，你被骗的概率就会从100%降到70%。”

这几年，防诈骗课堂的形式越来越多，包括读书沙龙、老年志愿者分享会……

使用“反面教材”教学的效果特别好。当然，合适的“反面教材”不是那么容易找到的。毕竟，大部分老人都不愿意对外承认自己被骗了，有很多受骗的老人甚至瞒着家里人。一般来说，愿意分享被骗经历的老人都有一个共同点：已经得到了家人的谅解和包容。

防诈骗课堂热闹得好比戏剧舞台：老人痛快地发泄自己的受骗经历，往往边说边拍手、跺脚。对他们来说，分享自己的悲惨经历，能帮助到别人，也会有一定的治愈作用。从心理学的角度来说，讲述经历也是治愈创伤的手段。

“我们被骗的钱还能找回来吗？”课堂一开始，老人通常就会抛出这个问题。

朱庆科总是痛心疾首地说实话：“这个钱多半是打水漂了。你们之前为什么不好好听我们讲课呢？为什么不去问自己的朋友呢？为什么不多问一下年轻人呢？”

“明知道等不来，他们还是在等。”虽然授课上百次了，面对台下一群眼巴巴等着养老钱被追回的老人，朱庆科还是会心痛。

跟分享案例时的搞笑风格不一样，朱庆科会非常严肃地强调被诈骗的后果。“只有多次强调，他们才能记住。只有真正提高警惕，他们才能不被骗。”

从客观层面来说，人们很难统计出有多少人因防诈骗课堂真正受益，这让朱庆科有时候觉得无力。最近，他和同事们建了一个受害者家属群，帮助受害者抚平内心的创伤。

他体察到，再多安慰的话语也没用，受害者需要报团取暖。“比比谁更惨，我被骗了100万元，而你被骗了120万元。我一下子就好受多了，这就是人性。”

朱庆科和同事们经常开玩笑说，从事防诈骗宣传工作越久就越想去诈骗。"因为这些老人实在太好骗了，诈骗来钱太容易了。"

孤独的心

诈骗案之所以层出不穷，关键原因是诈骗犯深谙老年人的心理，"话术特别'高明'，个个都是'心理学大师'"。

朱庆科总结当今老年人上当的三大痛点："保健品"、"投资理财"诈骗和"杀猪盘"。

为什么老人的钱好骗？因为诈骗犯能抓住人性的软肋。诈骗犯洞察了老年人恐惧病痛的心理。"你现在把钱留在手里面，要等

▶ 正在记录被骗人情况的朱庆科

百年之后年轻人烧给你吗？”

老年人非常在乎自己的存款，买菜都是斤斤计较，但买上万元的“保健品”，眼睛都不眨，“随随便便就买了”。

“那颗孤独的心得到了‘安抚’，因此才会被骗。”对老人来说，谁对自己好，自己就信任谁。推荐“保健品”的人天天比自己亲儿子、亲女儿还要贴心，有的老人摔跤了，家里人隔了三五天才知道，推销“保健品”的当天就知道了，老人怎能不上当呢？

“投资理财”诈骗案件数量也在逐渐增长。这类诈骗犯主要抓的是老年人在财务上的不安全感和不甘落后的心态。

一方面，这些老人死死捏着自己的退休金，又有很强的不安全感，急切地希望在养老金基础上再增加一笔收入，让自己的晚年生活过得更好一点。打着“投资理财”项目幌子的诈骗犯多是利用这种心理。

另一方面，老年人参与互联网投资，还会被别人夸懂互联网。曾经有一位70多岁的爷爷下载了一个“投资APP”，“看起来是在炒股，涨得很快，但钱就是取不出来”。他拉上自己的亲哥哥、亲妹妹，还把这个APP推荐给自己的朋友。

老年人都极度渴求被外界认可。这位老爷爷迷失在了自己是“股神”的幻觉里，每个人都夸他好棒、厉害，这么大年纪还会搞这种理财赚钱。“没有落后，你跟年轻人一样，什么都懂。”

老人上当受骗的概率高居不下的另一种类型的骗局是“黄昏恋”。朱庆科说起最让自己心痛的一个诈骗故事。前段时间，有一位也是蓝马甲志愿者的同事的妈妈因为“黄昏恋”被骗了，双方闹到了警察局。同事给他发微信，说希望他去给自己的妈妈上一堂课。

朱庆科回他，讲课没用。同事的妈妈跟同事的爸爸离婚后，经常去广场上跳舞，认识了一位舞伴。才认识一两周，对方就向她借了好几万元。

“‘恋爱上头’真的不分年纪。”朱庆科感慨道。

还有一位老奶奶都70多岁了，找了一个50多岁的男保姆，对方对她体贴入微。几个月后，这位老奶奶死活要给男保姆转款50万元。银行的工作人员和老奶奶的子女纷纷劝阻，但老奶奶非常固执，坚持要转这笔钱，“就真的‘上头’了”。

朱庆科观察，当前独居老人比例非常高。在一些老龄化社区里，很少有年轻人的身影。独居老人往往非常孤独，渴望被关注、被爱。诈骗犯只要在广场上跳舞跳得不错就能引来关注，“只要他们热情一些，就很容易获取老人的信任”。

这些年，“杀猪盘”组织的诈骗手法正在趋于成熟，还懂得“对症下药”。朱庆科说：“他们会找到丧偶或者独居的老人，投其所好。如果老人喜欢跳舞，那诈骗犯就会说自己也喜欢跳舞。”当老人信任诈骗犯后，都不需要认真编什么理由，“随便说自己需要买房子，老人都愿意给钱”。在防诈骗课堂上，曾经有个阿姨用重庆话自我嘲讽：“我谈恋爱了，又被骗了。”

在朱庆科看来，诈骗案件给老人带来的伤害往往是多重的：最深层的伤害往往不是经济层面的，而是对老人的亲子关系带来的冲击。

许多老人被骗后不敢告诉孩子，他们害怕万一被孩子知道了，亲子关系多半也会变得支离破碎。尤其对那些经济条件不好的家庭来说，几万元就是老人的养老钱，是他们省吃俭用一辈子的所有积蓄。

“他们最不愿意跟家里人讲，因为害怕被年轻人斥责，都在想尽办法隐瞒。他们的办法很多，假装自己有钱，强装镇定。”

这几年，犯罪组织诈骗的金额越来越大。如果老人只有10万元，诈骗犯会建议老人贷款，老人一般不敢贷款，就去跟亲戚朋友借钱。有一位老人被骗了上百万元，大部分都是跟亲戚朋友借的。他的家里人非常生气，亲戚朋友时不时来家里催债，老人也垮了，每天都睡不好觉。

老人常常会拉着朱庆科谈论自己的创伤。朱庆科说：“他从自己怎么受骗到跟孩子发生的矛盾，摆龙门阵（巴蜀方言，意为聊天）摆上两个小时。”只要说出来，老人心里就舒服点。朱庆科也愿意反复倾听，常常一聊就是一下午。

朱庆科发现，子女受教育程度越高，越能理解和原谅父母。家庭经济状况是另一个影响因素，如果家庭经济境况太差，老人和子女往往大吵大闹，子女通常会抱怨说：“当初我跟你说让我来保管这个钱，你非不让。这下大家都不活了，大家都要疯了。”

一位年轻人的做法让朱庆科印象深刻。他的老父亲贪图保健作用，被销售人员忽悠，花了一万多元购买了一张“玉石床”。

结果，老父亲在“玉石床”上睡了一阵，发现什么作用都没有，想退货但对方不让退了。老父亲每天看着床就难受，又舍不得扔。他的儿子就把“玉石床”搬到了自己家里，给老父亲买了一张新床。

老父亲还是很生气，儿子就带着父亲出去旅游散心。因为儿子的理解，老父亲慢慢也就放下了这件事情。他还经常到防诈骗课堂上做宣讲，分享自己的被骗经历。

“这说明儿子真的了解老年人怕老、怕痛的心理，有一定的同理心。”朱庆科特别欣赏这位年轻人。

一生的事业

诈骗手段总是在更新。最新的AI（人工智能）合成语音和“换脸”技术，虽然给人们带来了前所未有的便利和娱乐效果，但也被不法分子利用进行诈骗活动，侵犯他人权益。在朱庆科熟悉的社区里，已经有不少老人被犯罪分子利用AI技术所骗。

这让朱庆科时常觉得无力。“我们做防诈骗知识宣传工作，永远都是跟着诈骗犯走，你不知道他们又有什么新技术、新手段，我们永远都在追逐诈骗犯的脚步。”

尽管如此，朱庆科还是喜欢去给老人们讲课。“反复宣传不一定有用，但起码老人有个地方可以去。”许多老人都缺乏陪伴，日常没有什么可以期待的事情。在防诈骗课堂上，他们能听听课、唠唠嗑。

“我们这个课，主打的就是陪伴。”他半开玩笑地说。

很多老人会主动申请添加朱庆科为微信好友，但几乎不会主动跟他沟通。朱庆科觉得，老人真正的需求是“安全感”，“有个‘备胎’，万一遇到诈骗之类的事情了，总可以有个人找”。

朱庆科上大学时学的专业是“影视摄影与制作”。六年前，他开始做全职志愿者，目前在重庆两江新区满天星志愿服务中心工作。

虽然这份工作与自己所学的专业无关，但他喜欢。因为他爱跟人待在一起，享受帮助别人的感觉。他不想一天到晚跟计算机打交道，他觉得那样没什么乐趣。

这些年，他经常到重庆主城区附近的乡村开展防诈骗宣传活动。在那些偏僻的山区，老人被诈骗的概率很低，因为那些老人连智能手机都没有，很难被骗子列为目标，“有些老人连转账都不会，需要银行人员帮忙”。

他教当地老人一些基本的使用智能手机的方法，包括卸载APP、整理通讯录、开提示音、设置拦截陌生电话等。

这天，他又去乡下了，直到晚上九点才回到酒店。他常常无法分清工作和生活，他也不想分清，“因为都挺快乐的”。

迄今为止，朱庆科参与了100多个老龄化社区举办的公益讲座，直接帮助了三万多名老年人。

2023年，他32岁了，比起那些在“北上广深”拼搏的同龄人，他更喜欢和老人待在一起，听他们讲自己痛苦或快乐的经历。在

30岁之前，他找到了自己喜欢的事业，自认为属于幸运的人。

这份工作也让他变得更为豁达。在课堂上，他经常跟老人开玩笑说：“来来来，把你不开心的事情说出来，让大家开心开心。”

他形容这份志愿者的工作是“一生的事业”。“我做得非常开心，能养活自己，还能够帮助别人。我没有其他事情好渴求了。”

回到六年前，这是一个比较艰难的决定。当听到他决定做全职志愿者，他的父亲是反对他的决定的。跟中国的多数父母一样，他的父亲希望他当公务员，拥有更加稳定的前途。

从事蓝马甲行动相关的助老防骗宣传工作，使得他更加理解长辈的诉求和心理。经过几次耐心的、温和的沟通后，父亲也开始逐渐支持他。父亲说：“如果你要走这条路，你觉得快乐，那你就走吧。”

朱庆科工作中的快乐也来自摄影。他没有丢弃大学学习的摄影技术，经常在开展活动的时候给老人拍照。

拍照对双方而言都很重要。他常去老人家做回访，2022年，他去一个老人家里探望，帮老人全家拍了一张全家福。后来，他听说老人去世了，那张全家福成了老人留在世界上的最后一张照片。家属很感激朱庆科，因为他留下了老人最后的笑容。

“能帮老人留下了一张真真正正的全家福，真的有意义。”朱庆科说。

三　曾经想当演员的“95 后”姑娘，成了为老人服务的客服

成了为老人服务的客服后，她的性子慢了下来

2021年，苏梦琪成了支付宝“暖洋洋专线”的一名客服，专门帮助老人解决在使用智能手机过程中遇到的难题。意料之外，她经历了一个多月的“水土不服”期。

她本以为这份工作相对简单。毕竟老年人遇到的难题对她来说都不难，包括缴纳水电费、查询通信费用账单、坐公交车时扫码……老年人常见的问题都是智能手机基本功能的操作步骤。

但老年人对智能手机的陌生程度，还是超出了这位“95后”姑娘的想象。年轻人熟悉的词汇，老年人很可能听都没听过。电话那头奇怪的问题不少：“怎么发送？我只看到一个‘小飞机’”“怎么卸载？它们都在‘打哆嗦’”……

苏梦琪需要掌握一套视觉化表达意思的方法。比如“搜索栏”得说成“上面一个白色框框”；如果是“生活缴费”，需要提

示老人在页面上寻找“小水滴”……

解决老年人使用手机遇到的难题也需要花费更多时间。在通常情况下，支付宝人工服务解决问题需要约7分钟，但老年人说话速度慢，还有一些老人听不懂普通话，对发送、卸载等操作都不熟悉，需要从头教起，平均服务时长在30分钟以上。

这份工作很考验客服人员的耐心。以往的服务对象是年轻人，苏梦琪通常一边进行业务操作一边跟对方快速沟通，追求高效解决问题。但为老人服务，苏梦琪的工作节奏就得慢下来。一方面，她时刻都要捕捉对方的情绪，偶尔配上表示肯定的语气词，让对方感觉舒适；另一方面，再简单的问题老年人也可能会来来回回说上好几遍，苏梦琪要仔细倾听，帮助对方把自己的困难准确地表达出来。

▶ 正在工作的“暖洋洋专线”客服们

以前习惯了快节奏接打电话的苏梦琪，性子跟着“暖洋洋专线”一起慢了下来。

同理心也很重要。个性敏感的苏梦琪察觉到，老人有时候嘴上说好，语气却是犹犹豫豫；明明没有听懂，却还是“哦”“好”地答应，不敢多问。在这种时候，她一般会主动多说一句：“我刚刚可能没讲清楚，再给你说一遍也是可以的。”有的老人会主动道歉：“对不起，我什么都不懂。”可能因为遭受过漠视或歧视，老人们的反应都小心翼翼的。

“老年人特别怕麻烦别人，怕被年轻人看不起。”加入“暖洋洋专线”之前，苏梦琪参加了一段时间的业务培训，其中一门核心课程是“情绪感知”。到了真正实践的时候，她才发现，这门课程的内容对她的工作确实有很大帮助。

当老人自我嫌弃说“我是不是太笨了”“我真是老糊涂了，怎么又给忘了”的时候，苏梦琪会及时安慰对方：“其实你一点也不笨，一下子就学会了，很聪明。”

还有一些老人会抱怨说：“你们为什么把界面设计成这样子啊？实在太复杂了。”苏梦琪认为，这种抱怨的背后是老年人在面对新技术时困惑和恐惧的感觉，是脆弱无助的情绪，需要社会各界包容和支持。

一位老人说“我们也是要发朋友圈的呀”

在蓝马甲行动联合支付宝为老年人推出“暖洋洋专线”服务后，截至2022年7月底，超110万老年人通过“暖洋洋专线”一键直连人工客服。

两年来，苏梦琪平均每天会接到10通电话。工作越久，她就越能理解老年人在数字困境中的复杂心态。

“有时候，我们会假设老人不需要用智能手机。”在苏梦琪看来，许多老人的好奇心都很强，渴望学习新技术。“我们假设他们不需要智能手机，却没有问过他们的需求。我们不能小看了老人，他们也想学习。”

但对于老人来说，学习使用智能手机还是很难的。老人一般都不愿意麻烦子女，总是担心子女工作忙，遇到问题也怕打电话会打扰子女。此外，子女们也常常缺乏耐心，就像最简单的缴纳水电费，他们会觉得，“哎呀，还不如我来帮你缴费来得快”。

苏梦琪经常遇到的求助对象是独居老人，曾经有一位奶奶让她印象深刻。奶奶早年离异，女儿在上海打工，只有逢年过节才回去。女儿担心母亲的钱被人骗走，总跟她强调，智能手机尽量不要让其他人碰。当时，奶奶刚搬到新家，换了新户号，燃气刚好用完，突然没法做饭了，便拨打了“暖洋洋专线”。

电话那头，奶奶不时问：“你能重复一下吗？我记一下。”原来，她正在用笔把操作步骤记在一个小本子上。苏梦琪说没关系，下一次如果忘记了，可以再打电话问。奶奶却说自己忘性大，最保险的方法是记在纸上。

奶奶虚心好学、自尊自爱的性格打动了苏梦琪。事实上，对智能手机有好奇心的老人在老年群体中占比不小。

2021年，中国人民大学老年人数字适应力研究团队联合支付宝发布《老年人数字适应力调研报告》。该报告显示，越来越多的老年人使用智能手机，他们想学习智能手机的使用方法，但往往没有人一对一耐心帮助，有近七成老人用智能手机全靠自学，超四成老人仅会使用通话、看新闻等基础功能。

有一次，苏梦琪在长沙参加蓝马甲行动组织的线下助老防骗活动，帮助老年人解决不会、不敢在智能手机上缴费，担心资金安全的问题，助力老年人享受便捷的数字生活。曾经有一位主动想学上网的奶奶跟苏梦琪抱怨说，她的子女并不想让她接触互联网，怕她文化水平不高，遭遇电信诈骗，被骗走了退休金。

从某种程度来说，这样做的确可以消除风险，但同时也扼杀了老年人的情感需求。这位奶奶的儿女不在身边，唯一的消遣就是结交一群跳舞的老姐妹，其他伙伴常常录下视频，发到朋友圈和视频平台上，在网上互动、点赞。但这位奶奶只有一部“老人机”，从没有用过智能手机。

苏梦琪能明显感受到老人落寞的感觉。“没有智能手机还来听课，这说明老人非常渴望使用智能手机。”

拥有广泛社交圈的老人对智能手机的渴求度更高。这些个性外向、社交活跃的老人依赖社交平台，表达欲和分享欲不亚于年轻人。苏梦琪听一位老人说：“我们也是要发朋友圈的呀。”

许多老人不希望被打上“落后于时代”的标签。有一次，在杭州的线下助老防骗活动中，苏梦琪遇到一位特别害怕遭遇诈骗的爷爷，对比之下，旁边几位奶奶特别积极。苏梦琪说：“爷爷反复劝奶奶，说智能手机的使用方法有什么好学的，小心被骗。奶奶完全不听他的，说：‘你不学是你的事情，我还要学呢。’这种对比特别逗。”

帮助老人摆脱被骗的羞耻感

在线下的助老防骗活动中，苏梦琪和同事常常给老人讲授防诈骗知识。一方面，他们教老人识别常见的诈骗手法，包括提醒老人不要随意点击陌生链接、有效识别诈骗电话、谨慎下载不明APP等。另一方面，他们也尝试帮助受骗老人重建内心家园。她和同事观察后发现，很多老年人被骗了之后容易产生巨大的羞耻感。老人们自尊心尤其敏感，担心丢人，担心被子女骂，不太愿意跟别人说自己受骗的事情。这种持久沉默的背后是不可忽视的内心创伤。

有一次，她遇到一位60多岁的阿姨，对方提到自己因为参与线上的“薅羊毛”活动，被骗了三万多元。阿姨的家里条件一般，三万多元本是阿姨给孙子攒着上大学用的，不是一个小数目。被骗了之后，阿姨偷偷去报警，同时又要想方设法瞒着孩子，一整年都没睡好觉。

苏梦琪安慰她说，类似的事情不只是发生在她身上，很多老人被骗的金额超过三万元，以此缓解她自责的心态。如果她因为这事太难过，导致身体不好或者患上抑郁症，反而是更严重的损失。钱没了，但还可以再挣回来。听完这段话，阿姨的心情终于缓和了一些，说要是早点儿听到这个课程就好了，可能就不会被骗了。

不止一位老人给苏梦琪写过感谢信。她觉得其中一封信的内容特别可爱，感谢信上写着：请务必给你们的员工苏梦琪加薪。

在加入支付宝之前，长相甜美的苏梦琪的梦想是当一名演员。她一度担心这份工作会太过无趣，但她渐渐喜欢上了这份工作。当她发现自己能实实在在地帮老人解决问题时，她的心中生出一股令自己喜悦的成就感。

这份工作令她更能理解老人面对的数字困境，这给她的个人生活也带来了影响：她跟自己的母亲走得更近了。苏梦琪的母亲50多岁了，在老家独居。过去，母亲会时不时询问女儿智能手机的操作步骤，跟很多子女一样，苏梦琪性子很急，就会替母亲直接操作了。

如今，她逐渐理解母亲对智能手机的好奇心和渴望使用智能手机的心情，努力陪伴母亲跨过数字化鸿沟。母女俩常常视频通话，苏梦琪耐心教会母亲那些看似最简单的事。

四　这位反诈民警的网名，价值百万元

反诈民警

1986年出生的刘献国是杭州的一位社区民警。和许多男孩一样，他在少年时期就渴望成为一名警察。在他的印象中，警察是威武、勇敢和正义的代名词。于是，他通过公务员招考，在2012年如愿正式成为一名人民警察。因为出色的身体素质，刚参加公安工作的他被分配到杭州市公安局西湖区分局巡特警大队工作，成为一名光荣的特警。为更好地磨炼自己，他又在2017年主动申

▶ 刘献国的立牌倒下了，保安帮忙扶起来擦干净

请调入玉泉派出所工作。后来，他成为一名社区民警。

2023年是他在社区工作的第六年，他的工作状态与他年少时想象的大相径庭。他面对的明面上的违法犯罪活动不再像以前那么多，工作中抓捕、打击犯罪分子的英勇场景并不多。但是，矛盾化解、社会风险隐患排查、安全教育、反诈防骗宣传、走访居民等琐碎的工作，需要他付出更多耐心。

基层派出所的工作涉及方方面面。刚到社区时，刘献国在办案中队，遇到了许多从没处理过的情况，这常常让他感到无所适从。

有一段时间，辖区的一位老人经常报警求助，说一到晚上自己家里就有噪声，吵得自己睡不着觉。刘献国和同事出警到老人家里排查噪声来源，但始终没找到。

令人奇怪的是，老人家楼上的房屋无人居住，老人的邻居也都表示没有听到有噪声。有些邻居怀疑老人幻听，要求老人去医院看病。因为始终没有找到噪声源，老人和邻居的关系比较紧张，多次发生争吵，频繁引发报警投诉。

刘献国苦于不能掌握现场的情况，当事人又各说各的理，他就决定利用休息时间在老人家里蹲守，通过自己的耳朵找到问题所在。

他从老人居住的三楼开始挨户走访，询问居民在噪声发生的时间段是否有活动。这样找了两层，终于找到了噪声源。声音来自五楼，而且不是五楼正对着老人家的那户人家，而是斜对着老人家的一户。刘献国感到匪夷所思：声音怎么会斜着传呢？他和同事通过查阅资料才明白，原来是声音在无人居住的四楼那套房子里因为空腔效应而被放大。找到源头就好办了。他请这户人家夜间注意控制音量，并安装了隔音垫，终于解决了问题。

从那以后，刘献国和同事们就有了处理此类噪声纠纷的经验。如果找不到噪声源，就蹲点驻守找到噪声发生的时间，再据此走访摸排。用这种办法，他们后来顺利解决了好几起类似的纠纷。

“社区派出所需要处理的问题五花八门，有些情况我们听都没听过的。很多情况都是在我工作一段时间后才碰到的，碰到了，我才有机会去了解具体情况，并想办法解决。”刘献国说。到派出所工作之初，他始终在学习和积累，循序渐进地加深对这个老社区的了解。

随着工作经验积累，刘献国发现，社区里发生频率最高、危害最大的案件是针对老年人的诈骗案件。

刘献国所在的社区是一个典型的老龄化社区，60岁以上居民占总人口将近40%。老年人往往有些积蓄，但防骗意识薄弱，常常成为骗子的目标。

诈骗是一种可预防性犯罪，事后打击的效果远不如事前防范。风险排查、反诈防骗的工作主要由派出所中的社区中队承担。

刘献国是那种有耐心也比较善于沟通的人，很适合做这类需要跟群众反复沟通的工作。于是，他的工作重心逐渐转移到预防诈骗方面。

“老年骗局”

在工作过程中，刘献国观察到，有两类老人最容易上当受骗。

第一类是与外界接触较少的独居老人。一些骗子到小区行骗，瞄准的正是这类群体。他们冒充物业或社区工作人员，号称上门给老年人做免费服务，趁机推销“保健品”。

有一回，有人敲开了一位独居老人的家门，声称是燃气公司的工作人员，上门检查燃气灶。他装模作样地检查了一会儿后说，老人家的燃气泄漏，燃气灶已经烧坏了，必须马上换新的，否则必定发生事故。他紧接着说，正好他带了新款燃气灶，可以直接给老人换上。于是，老人就花5000多元买下了他的燃气灶。这家伙卖完燃气灶就跑了。后来，经过警察鉴定，那个新燃气灶最多只值300元。

这类面对面诈骗案件的受害老人，退休后独自长时间在家，不跟外界交流。他们不会上网，也不会使用智能手机，处于非常闭塞的状态。

第二类老人则是另一个极端。他们很活跃，熟练掌握智能手机的使用方法，对网上的股票、期货等投资理财项目都充满兴趣。事实上，他们熟悉的只是智能手机的一些基本操作，却并不知道如今电信诈骗花样百出，没有意识到深层的风险。这群老人还有一个共同点：他们都认为自己很懂互联网，对自己很有自信。当民警向他们宣讲防诈骗知识、介绍诈骗案例时，有的人不屑一顾，压根听不进去。

有一个案例让刘献国感触很深。那是社区里的一位退休的大学教授，他去银行转一笔大额资金，被银行工作人员拦住了。银行与派出所早已结成了反诈骗联动合作。那天，柜员在询问老教授转账目的时，发现存在可疑之处，就及时通知了派出所。警察迅速赶到进行了劝阻。虽然拦住了这次转账，但在警察和老教授交流时，老教授很抗拒回答问题。出警的民警察觉到老教授还有可能受骗，立刻把情况转告刘献国。

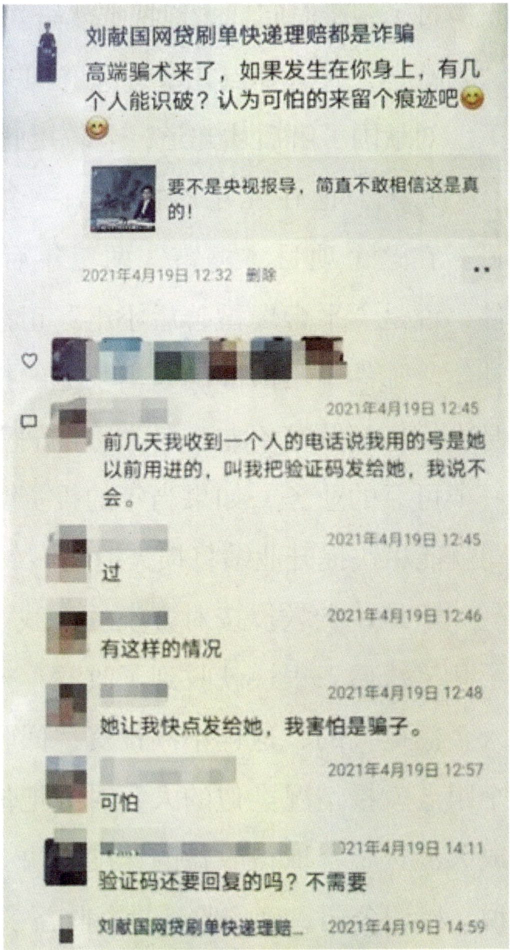

▶ 刘献国朋友圈动态引起的讨论

刘献国立刻跟进这个案子，又是打电话，又是上门走访。但是，老教授始终不配合，甚至非常不耐烦地赶刘献国走。老教授训斥刘献国：“我是什么学历层次？你们是什么学历层次？我有什么不懂的，还用你们来教？”有几回，刘献国真觉得被训得无地自容，心中难受。但他仍然努力调整好心态，持续给老教授打电话、发信息，却始终得不到回复。

过了一段时间，老教授突然给刘献国打电话，小心翼翼地说：“刘警官，我遇到点儿事，想咨询一下。”刘献国心里“咯噔”一下。刘献国了解后才知道，老教授此时已经被骗了200多万元了。

原来，他在几年前投资了一个P2P（个人对个人借贷）项目。在这个项目“爆雷”两三年后的一天，他突然收到一封邮件，说是“平台爆雷善后小组”正在对当年投资受损人进行退款补偿。邮件中不但准确列出了他的投资金额，连他的银行卡号和身份信息都分毫不差。对方称他们重组成立了新公司，正在开展一项可靠的业务，如果当年的投资受损人能帮忙做一些投资，公司就能尽快提升业绩将损失退还。

于是，老教授按对方说的下载了一个“证券投资APP”，投了几笔钱后，很快就收到了收益。这时，对方又说老教授当年投入金额挺大的，这样小额投资，回收速度很慢。他们那里还有几个跟老教授情况类似的人，对方把他们拉在一起建个群，一起凑成大额资金，取得收益的速度更快。群里有四五个人，大家都在说，感谢公司，确实收到投资收益了。

老教授和群里的人每人凑了一二十万元转账。这时，对方在群里说，老教授操作错了，现在不仅他的这笔钱退不出来，连带其他人投的钱都退不出来了。对方甚至发了老教授输错银行账号的截图。群里的其他人开始纷纷埋怨老教授。这样一来，老教授羞愧无比，只好赶紧遵从对方的指示再次转账，没想到又操作失误。群内众人的指责让老教授愧疚无比，老教授一次又一次转账，甚至向老同事、学生借了几十万元。几天下来，老教授总计转账200多万元。

直到实在借不来钱了，老教授才想起了找警察。他向刘献国求助，请求刘献国跟对方沟通一下，把前面因操作失误冻结的钱返还给他。刘献国一听，发现老教授仍未醒悟，始终不肯接受自己已经被骗的事实。刘献国只能反复向老教授解释，费了许多口舌才让老教授明白事情的真相。

从那以后，老教授时不时就给刘献国发信息："刘警官，我的事请你们多费心，帮我把钱追回来一点。我实在是压力太大，周转不过来了。"看到曾经骄傲、见多识广、生活无忧的老知识分子，变成如今这副局促模样，刘献国心里不忍。他更深刻地意识到老年人与如今的数字生活间存在的巨大鸿沟。这个案子也提醒刘献国，一定要尽己所能，把反诈防骗工作更加深入、细致地推进下去。

价值百万元的网名

老人关心的事情不多，除了家人、老友，便是担心自己的身体，怕病怕死。骗子正是瞄准了老人这样的心理状态，用各种方式向老人推销"保健品"。有些老人一辈子节俭，到了晚年却痴迷于买"保健品"，几乎把退休工资全部花在"保健品"上了。

这样的案子接触多了，刘献国发现骗子把握、利用老年人心理的程度远超他的想象。有些骗子在电话里"叔叔""阿姨"叫得亲切，上门也很勤，进了家里并不急着推销“保健品”，而是马上开始给老人服务，捶背、洗脚、揉肩、按摩……在这个过程中，他们就和老人攀谈起来，逐步聊得热络。接着，仿佛不经意间，他们就提起自己是做什么的，最近公司业绩要求高，工作压力大。到了这一步，老人便“沦陷”了，有的甚至主动提出帮忙买“保健品”。

一些骗子使用的话术相当“精准”。如果他们留意到老人跟子女有隔阂，就会说：“你儿子买别墅，闺女花几万元钱买个包，你舍不得吃舍不得穿，那些钱留着干吗？不如花在自己身上。你吃了这么多年苦，也该享享福了！”如果他们发现老人总为孩子考虑，就会说：“你们对自己好一点，自己身体好了，孩子也可以少操心。”骗子的一席话准确说到老人的心里，让老人心甘情愿掏钱，对骗子也越发信任。

有一回，刘献国走访一位接二连三买“保健品”的老人，老人说：“我知道他们是图我的钱，但我就是喜欢他们过来陪我聊聊天。”因此，刘献国的劝阻工作进行得相当艰难，讲得多了，老人就把刘献国和他的同事往家门外赶。刘献国又找到老人家属帮助劝说，劝到最后几乎吵起来，老人嚷着要跟子女断绝关系。

老人们其实是太孤独了，刘献国想。“这类问题的解决方案是，要抢在诈骗犯之前接触老人，让老人相信我们。”于是，刘献国更加频繁地走访社区居民，遇到子女都不在身边的空巢老人，就常跟他们聊家常。

随着时间推移，刘献国的微信好友越来越多，他的微信好友大都是社区居民。有一天，在添加微信好友时，刘献国突然想

▶ 刘献国与他价值百万元的网名

到，这么多人添加自己为微信好友，总要看一眼自己的微信名字吧。他灵机一动，把自己的微信名字改成自己的姓名加上当前正流行的网络诈骗套路。

从此以后，每当出现新的诈骗套路，他就会更新自己的微信名字。“网贷”“刷单”“理赔”“投资”……刘献国的微信好友越来越多，微信名字也越来越长。只要能够提醒到更多居民，他可以放下所有包袱。小区里与刘献国熟识的大爷大妈都知道，“刘警官的微信名字蛮发靥（杭州话，意为好笑、有趣）的”。

穿警服的标准证件照头像后，跟着一串诸如“刘献国网恋不见面投资理财都是诈骗”——任何人看到这样一个微信名字都难免感到诧异。许多人在添加刘献国为微信好友时都会问这个名字是怎么来的，刘献国便会顺势向对方宣传防诈骗知识。有一回，刘献国到社区一家新店走访，宣传防诈骗知识。店员添加刘献国为微信好友后，立刻变了脸色，拨打110，说店里来了个假警察。同事接警赶来才将刘献国“解救”出来。虽然哭笑不得，但刘献国看到社区群众防诈骗警惕性这么强，也颇感欣慰。

这些日常点滴积累起的信任，与刘献国不厌其烦宣讲的防诈骗知识，在关键时刻便能发挥作用。许多次，社区里的老人突然想起了刘警官和他总挂在嘴边的诈骗套路，便在即将转账前问了刘献国一句，一件诈骗案就这么消弭于无形之中——这是刘献国最有成就感的时刻。

刘献国的微信名字不是一成不变的，而是紧随着诈骗“热点”更改的。一般来说，如果辖区发生了比较有代表性的诈骗案例，刘献国就会把微信名字进行相应修改。从这方面来讲，刘献国每更改一次名字，就意味着又发生了一起百万元级别的诈骗案件，所以刘献国经常感叹，自己的微信名字“价值百万元”。这真是一个令人难过的故事，好在这两年随着刘献国和同事们的努力，他更改微信名字的频率越来越低了，这是一个好兆头。

蓝马甲行动与反诈防骗

刘献国和同事们想了许多办法宣传防诈骗知识：挂横幅、张贴宣传材料、在各种会议会场和活动地点发放传单……此外，派出所也与电信公司合作，通过群发短信提醒社区居民。在社区内每栋楼住户的微信群中，民警们也会定期通报近来发生的诈骗案件和注意事项。

但社区中队一共只有六位民警，要负责居民人数近万的社区反诈防骗宣传工作，无论如何都会有一些接触不到的角落。刘献国说："反诈防骗宣传的基层工作，没有根也没有底。"要实现精度更高、覆盖范围更广的反诈防骗宣传工作，社区中队需要更多社会力量的帮助。

2021年的一天，蓝马甲行动项目组的工作人员给刘献国打来电话，邀请他加入蓝马甲行动。蓝马甲志愿者所做的工作——反诈、防骗、助老，与刘献国的工作内容高度重合。在向上级部门汇报后，刘献国正式加入蓝马甲志愿者团队，担任蓝马甲行动的形象大使。

他借助蓝马甲行动的公益助老防骗模式，在本社区和其他社区甚至其他城市，开设助老防骗公益讲座，扩大防诈骗知识的宣传面。2022年，开往县域乡村的"蓝马甲大篷车"启动，走进了淳安、磐安、青田、永嘉、天台等浙江山区的26个县，刘献国也以蓝马甲讲师的身份多次参与活动。

各地区的情况有所不同，刘献国在讲座上给当地民众讲解他经手的诈骗案件，分析诈骗套路。与此同时，他也在当地了解了其他新型诈骗套路和反诈宣传手法，互相借鉴，互相启发。

作为一名社区民警，刘献国在日常的工作和生活中顺理成章地参与蓝马甲行动组织的助老防骗活动。在社区里，刘献国是老人们信赖的熟面孔。无论是在穿着警服执勤时，还是在下班后穿着便服时，刘献国都常碰到老人举着智能手机问：“支付宝里的钱

▶ 刘献国作为蓝马甲志愿者在讲座上和社区里帮助老人了解骗局、学习智能手机操作知识

在哪里能看到？”“怎么在淘宝上买东西？”在这种时候，刘献国总是会停下脚步，耐心地指导老人操作。

事实上，社区里熟悉的老人向刘献国求助的问题远远不只是智能手机的使用方法，比如灯泡坏了、锁坏了、家里漏水……简直是五花八门，仿佛他是“百事通”，上知天文地理，下知鸡毛蒜皮。他工作中和工作外的所有时间“缝隙”，都快被这些琐碎繁杂的小事填满了。

社区里有一位80多岁的老奶奶，前些年因为炒股亏了钱，怀疑自己被人骗了，便来报案。后来，经过查验，她账户上的资金都是正常交易。刘献国一再劝她谨慎，对于网上的信息不要随便相信。但这位奶奶有些糊涂了，总是忘了案子已经结了，仍隔三岔五来找刘献国，请他帮忙把损失的钱追回来。见到刘献国，她也不太说案子，总是把自己的故事从18岁说到80岁，一讲就是几个小时。隔天，她再到派出所，仍旧从18岁讲起。后来，刘献国便有了经验，陪她聊一会儿，等老奶奶讲到20岁的时候，刘献国就赶紧找个理由脱身。同事也会帮他打掩护，看到老奶奶来了，就说刘警官出差了，同时给刘献国发消息：“老奶奶又来了，你赶紧回避一下。”

说起这些哄老人的小事，刘献国是有些无可奈何的。他手头还有许多工作要忙，还有许多老人的问题等着他去处理。他想把社区里的每位老人都当成邻居和家人，但他面对的人实在太多了，他的精力和感情难免被分散。他开玩笑地说：“我对每个人都是真诚的，但我‘脚踏多只船’。”

自从成为社区民警，刘献国完全失去了自己的时间。妻子有时抱怨他："怎么在你下班后我们一起吃顿饭，你也要接三通电话呢？""让你看孩子写作业，你怎么一会儿接电话一会儿回消息？"他和妻子都是山东人，双方的老人都在山东老家。刘献国有时感到，自己对家里的老人关照得不太够，反而是这些社区里的自己身边的老人，对他来说，就像自家的老人一样亲近。

现在，他再回想起少时的警察梦，会感到自己当年把很多事想得太简单了。比起想象中的惊险场景，如今的工作其实是更加艰难的。因为那是漫长的、日复一日的缠身的琐事和沉重的责任。偶尔，他确实感到自己整天疲于奔命。但更多时候，当他感受到老人们的信任和居民的认可时，他便又积攒了一些毅力和耐心。

社区里有一位无儿无女的老太太，离婚后搬来了这里，一个人住在酒店。有一阵子她常常报警，说前夫会派人监控她，手机里也有人监控她。刘献国去查看后发现，原来手机里的声音是她操作时误弹出的智能语音助手。老太太可能产生了一些幻觉，总觉得不安全。刘献国好几次去帮她查看房间，又常常陪她聊天，安抚她的情绪，才逐渐让她安心住了下来。熟悉了以后，老太太每天都会给他发一句"早上好"。当刘献国又一次去酒店看望老太太时，他发现她的房间墙上贴了许多派出所分发的反诈防骗宣传海报和传单。老人说，在住的地方多贴一些有刘献国头像的宣传单，自己经常看看，会很安心。

五 不想躺平的“99后”，带动全家助老

谦卑地面对老人

2022年，尹舒怡开始了毕业后的第二份工作：加入蓝马甲行动项目组，从事内容策划工作，负责设计面向老人的智能手机教学课程的相关内容。

这位生于1999年的女孩，从上高中时就开始使用智能手机，几乎从未想过在这个世界上还有其他群体对智能手机仍然感到陌生。在参加线下的蓝马甲行动组织的助老公益活动时，她发现老人提的问题都特别简单，比如怎么缴纳水电费、如何线上挂号……甚至，有些老人连清理智能手机的内存都有困难。这让她感到心酸，“数字时代真的发展得很快，许多老人都被时代落下了”。

在现实中，总有些老人不愿意学习如何使用智能手机。曾经有位“大叔”跟尹舒怡说，他要是学会用智能手机，反而容易被骗，还不如不会，他能用手机打电话就行了。

她能理解老人的逆向思维，她说：“这是因为他们害怕被时代落下。”

遇到这种情况，她都会劝叔叔阿姨：“你可以使用手机培养自己的爱好呀，比如下象棋、斗地主。”智能手机还有一些很实际的用处，如果老人有慢性病，还可以用手机买药，省却了去药店买药花费的时间。

尹舒怡属于擅长调动气氛的女孩，外形和声音一样甜美，性格活跃。她有一些融入老年群体的技巧，比如在课程开始前，她通常会抓住一两位活跃的阿姨，“套个近乎，‘浅聊’几句”，通过这些活跃分子拉近跟老人的距离。等课程开始后，她建议大家做自我介绍，再回答些小问题，比如曾经遇到什么诈骗故事。

在她看来，教学成功的关键是通过互动调动现场的气氛。她认为，最忌讳的方法莫过于一上来就讲自己是来给他们上课的。在尹舒怡看来，老人都不喜欢被说教，更不喜欢小辈用高高在上的语气跟他们沟通。他们希望被关注、被肯定、被夸奖。因此，她会采用谦卑甚至是仰视的态度面对老人，她说自己“不是指导老人的，而是跟老人聊天，请对方反馈一些感受和建议”。

做这份工作，耐心非常重要。曾经有一位阿姨在上课时总抱怨说课程怎么还不结束，她要回家做饭了。在一位蓝马甲志愿者帮这位阿姨清理了智能手机上的各种垃圾APP，原本在操作的时候经常卡顿的智能手机运行变得流畅起来后，阿姨突然就变得安静了，脸上也带着笑意，再也不催促了。

在工作一段时间后，尹舒怡和同事们根据老人们反馈的信息调整课程内容，比如将一些专业术语改成大白话、将课件上的字体调大等。

▶ 尹舒怡在线下活动中给老人解答问题

过去的智能手机教学课件过于冗长，教老人怎么坐公交车、买药、下载APP……2023年，尹舒怡将课件做了分类，针对不同地区的老年群体做不同的内容设计。比如城里老人和乡镇老人对学习如何使用智能手机的需求就有很大差别，前者需要学习挂号、买车票、订酒店等城市化生活相关的操作，后者更需要学习清理智能手机内存、下载APP等更为基础的操作，“甚至是教他们如何用手指划屏幕"。

最重要的还是吸引老人的注意力：考虑到老人的专注力较差，志愿者们要尽量用生动的故事吸引老人，尤其是讲自己的亲身经历。

根据老年人的阅读喜好，志愿者们对宣传资料也做了改动。项目组原本使用的是三折页宣传资料，在观察到许多老人随手将宣传资料扔进垃圾桶之后，尹舒怡将宣传资料的版面从三折页的形式改成了报纸的形式：一面讲手机使用方法，另一面分析网络骗局——效果果然好了很多，许多老人愿意捧着"报纸"认真阅读了。

明知道对方是骗子，还是愿意聊

2022年5月，尹舒怡参加蓝马甲行动项目组活动策划岗位的面试，听说工作内容是教老年人使用智能手机，她心动了——她想到了自己的爷爷奶奶。从上大学开始，她就离开位于辽宁的家到了杭州，很少再见到老人们。此前因为疫情原因，她已经两年多没有回过家了。

她跟面试官说，她希望有更多年轻人能去帮助身边的老人。正是因为价值感的号召，即使另一个工作机会的待遇更高，但在面试结束后，她在两个工作机会中还是选择加入蓝马甲行动项目组。

她和这个项目组似乎有一种特别的缘分。当项目组在重阳节做活动时，同事在无意中得知她正好出生于重阳节，特别惊讶地感叹：“你怎么跟蓝马甲行动这么有缘分？！”

尹舒怡第一次去杭州某社区做活动时，一位圆脸阿姨对她说：“你这个小朋友名字挺有意思，好像就是为了我们来的。”见尹舒怡一愣，阿姨解释说：“你叫舒怡，不就是‘叔姨’吗？”这位阿姨又夸她可爱，长得像糯米团子。之后，阿姨向她请教网购商品怎么退货。第二次，尹舒怡再去这个社区做活动，虽然那天下大雨，阿姨听说她来了，还是再次前来上课。每次想起这件事，尹舒怡就有些感动。

这两年，针对老年群体的诈骗方式多种多样、花样百出，诈骗犯不只是推销“保健品”、冒充“公检法”机关的工作人员、冒充亲人……针对一二线城市的退休老人，这些年还有不少“投资理财”的诈骗项目，有的犯罪分子甚至能将老人的房子骗走。

尹舒怡发现，无论哪种诈骗方式，骗子的基本招数就是跟老人套近乎。这说明了许多老人处于孤独的状态。甚至有老人曾经跟她说，老人明知道对方是骗子，但还是愿意和对方聊。“因为他们实在太想找个人说话了，想要有人陪自己遛弯儿。”

有一个诈骗案件尤其让尹舒怡感到心痛。一位六七十岁的大爷被自己的一个好朋友骗了，两人已经认识七八年了。对方借钱的理由是生意周转，大爷选择了无条件相信他。结果对方连人影都没了，警方也没找着他。

尹舒怡清晰地记得，大爷的眼睛里泛着泪光。她觉得老人真的很脆弱，她说：“他们不太会分辨好人和坏人，只要他以为对方

▶ 尹舒怡为老人们讲课

是真心的，就很容易相信对方。”当时，尹舒怡选择了沉默，她怕说太多会让老人受到二次伤害。

为了更好地与诈骗分子斗争，尹舒怡也在了解新的诈骗手法。前两天，尹舒怡在写课件时请教了一位警官：如果有老人上当受骗，银行卡里的余额如何处理比较好，如果冻结老人银行卡操作起来比较困难，是否可以将余额转给老人的子女。结果警官说起一个案例，一位老人被骗了之后，本想将钱转给子女，结果发现全家都被骗了。

也就是说，骗子在接近老人的过程中，已经逐渐摸清楚了老人全家人的情况，但凡有一个人上当，可能全家都会被骗。

这种触目惊心的案例让尹舒怡工作起来更有动力了。她对诈骗分子深恶痛绝，同情被骗的老人，这也源于自己被骗的经历。

还在上大学的时候，她和室友在经济上都不宽裕。有一天，她们遇到了一个“刷单”骗局。刚开始尝试“刷”了一单，对方给她们返还了本金，也给了“刷单费”。她因为钱不够放弃了继续“刷单”，但是室友跟朋友借了两万元，全投了进去后，对方立刻从网上消失。室友兼职打工两年，才将钱还完。

因为驱动力够强，如果有老人在课堂上非常认真地学习防诈骗知识，尹舒怡就会很有满足感。有一次，她遇到一位阿姨边听课边做笔记，非常认真，尹舒怡觉得自己又降低了一个家庭被骗的可能性。

带着全家人做公益

只要周末有空，尹舒怡都会参加蓝马甲行动组织的助老公益活动，担任志愿者。

跟很多同龄人不一样，她不抗拒与长辈接触，而是很享受和老人在一起的时光。“他们觉得我很可爱，我觉得他们也很可爱。”

对一个24岁的年轻姑娘来说，这份工作可以学习到很多人生智慧。很多叔叔阿姨本身是高级知识分子。尹舒怡说：“我真的觉得他们很牛，有的叔叔修过火箭，还有的叔叔修过潜艇。他们太厉害了。”

尹舒怡刚从事这份工作时，父母对女儿的选择有些疑虑，他们说：“你对家里的老人都没有耐心，怎么可能会对其他老人有耐心呢？”

令家人没想到的是，尹舒怡干得很起劲。她是整个家族里年纪最小的孩子，虽然家里经济条件不算非常好，但她也属于“娇生惯养”长大的。许多尹舒怡的同龄人在职场工作一段时间后感觉不开心了，很容易一时冲动就提出辞职。但在入职蓝马甲行动项目组后，尹舒怡从来没有产生过这种抵触心理，“每天都开开心心地上班”。

见女儿找到了内心认同的工作，尹舒怡的父母既高兴又支持。就在不久前，蓝马甲行动在她的老家沈阳办了一个助老防骗展览，尹舒怡的父母特地请假到现场当志愿者。“他们才不到50岁，也想帮助老人，让自己感受到更多的人生价值。”

在某种程度上，这份工作磨炼了尹舒怡的耐性和心性。现在，当她回到沈阳老家时，她对自己的奶奶更有耐心了，也更知道如何回应老人的话了。像多数年轻人一样，她开始反思：自己是不是总把不好的情绪留给了家人，而家人跟蓝马甲行动帮助的那些老人一样，都是需要被温柔对待的。

“为什么我对陌生人都能有耐心，对家人却做不到呢？”

现在，如果家里的老人问尹舒怡智能手机使用相关的问题，她会耐心地告知具体的操作流程。上一次，母亲问了她一个连她

▶ 尹舒怡在活动现场与老人互动

都不懂的问题：怎么在一个APP上“带货”？尹舒怡先自学了一遍，然后将教程录屏下来发给母亲。

还有一个很大的变化是，她对公益行为的理解也不一样了。回头看，尹舒怡认为自己过去对公益行为的理解“太浅，也太片面”。过去，她以为公益行为就是捐钱，需要有公益背景或者资金基础，后来才发现，“公益行为主要是日常实践，可以参与被助者的生活中，更具体、更可见，其实没有那么高的门槛”。参与公益活动给她带来的价值感和自我认同感更强。

她的行为甚至影响到了身边人。尹舒怡的男友比她岁数大一些，尹舒怡说：“他吃的盐比我吃的多。”起初，男友怀疑她能不能坚持下去，问她：“每天跟那么多老人接触，你受得了吗？”后来，她带着男友一起参加公益活动，对方发现这份工作真的很有意义，也喜欢上了公益活动。

母亲在参加完公益活动后，录了好几条视频发在视频平台上，宣传防诈骗知识。迄今，母亲已经有一万多粉丝了。

尹舒怡笑着说，带着全家人一起做公益的感觉很好。她本人还有一个小小的进步。刚到杭州的时候，她听不懂杭州话，经常需要社区工作人员帮忙翻译，但现在，她已经基本可以听懂杭州话了。

她的确很喜欢这份工作，很少产生过倦怠感和迷惘感，从来没想过“躺平”。“我就想做一些小而美好的事，让自己的人生能够有价值。”

六 算法工程师，在和诈骗犯“赛跑”

让算法理解“诈骗”

“大厂”程序员薛兰青的工作是研究诈骗案件。

从早上九点上班，到晚上七八点下班，她一直面对着一行行密密麻麻的代码，以及无数真实的、发生在世界各个角落的诈骗案件。她的工作就是研究这些案件，并试图让算法理解什么是诈骗犯罪，以便让用户在遭遇诈骗时接到系统自动发送的提醒。

在入职一年半之后，这位1994年生的姑娘已经成为“诈骗案专家”。

写代码是薛兰青的日常工作，但研究诈骗案件让她产生了极大的成就感和乐趣。在过去，研究诈骗案件的工作完全依靠负责运营和策略的同事人工翻看和梳理。面对每天发生的数以万计的诈骗案件，翻看和归纳总结极其耗时，而且往往现有的案件还没研究清楚，新的诈骗手段又出现了，反诈骗人员人工处理诈骗案

件的速度永远追不上诈骗犯们推陈出新的速度。

薛兰青依靠自己用代码创造的AI与诈骗犯斗争。它和近两年火爆的ChatGPT（对话生成预训练模型）使用的技术类似，是一种运用自然语言生成算法的系统。只需要输入从网上搜集的诈骗文案和案例，它就能自动生成提醒文案，并且能和用户进行对话，帮助用户识别诈骗信息并避免用户被诈骗。

“从技术上来讲，这就是挺‘酷’的。”薛兰青很满意自己的工作成果，她说：“光靠系统就能帮到很多人，防止他们的血汗钱被人骗走。”过去同事需要一个月才能研究完的诈骗案例，现在计算机能在一小时内完成处理工作；过去每个月才能做一次的诈骗案例汇总，现在则以天为单位更新。薛兰青有时会饶有兴趣地看自己编写的代码生成文案，发现一些意料之外的新型诈骗方式。她常常把这些新学到的“诈骗知识”分享给亲戚朋友，让

▶ 薛兰青所在的安全实验室合影

他们注意防范。这些诈骗案例和相关内容，也成为蓝马甲行动中不可或缺的素材。

如果最近你通过微博与人交易演唱会门票，就可能会收到防范诈骗的提醒消息，每一条提醒消息的背后，都是薛兰青的工作成果。她创造的反诈AI能够识别用户在进行与演唱会相关的交易，利用已有的信息推测是否可能存在诈骗行为，识别风险，并自动给用户推送提醒文案。

有时，在识别交易可能存在风险时，AI还会给用户发送问卷，罗列出存在风险的交易行为，并和用户核实，识别用户提到的风险词汇——这些在过去只能由人完成的工作，现在全部由系统自动运作。

针对经常遭遇诈骗案件的老年人，薛兰青的同事们还做了有针对性的改良：相比年轻人收到的文案，老年用户收到推送消息是更生动的图文消息，并附上实际发生过的诈骗案件。

她的工作也确实起到了效果。在反诈AI投入使用一个月后，诈骗案件的发生率下降了约10%。

虽然这听起来很简单，但薛兰青的工作其实有许多难点，最主要的困难就是诈骗案例的数据格式。有的案例是新闻报道，有的案例是警方提示，有的案例是真实的诈骗对话，它们格式不统一，很难总结出一个能用来参考的规范，高效地让AI读取和学习，并进行归纳。这让薛兰青和同事很伤脑筋。目前，他们有时还需要进行人工辅助，帮助AI更好地学习和理解“诈骗”。

事实上，人工反诈骗仍然是效果最好的方式，但是处理速度太慢了。想要在这场与诈骗犯斗智斗勇的长跑中获胜，AI的力量是必不可少的。毕竟，薛兰青所在的公司的一条准则就是“用户体验排第一”。

与诈骗犯“争夺”老年人

老年群体是诈骗案件的主要受害者，如何更好地帮助他们远离诈骗案件、如何更好地给老年群体提供服务，是薛兰青和同事目前的工作重点之一。

当老年人与系统发生交互时，与年轻人交互良好的系统遇到的第一个问题就是沟通。有时，AI智能客服会在用户可能遭遇诈骗时进行电话提醒，AI智能客服在通过语音转文字理解用户在说什么时，经常因为老年人只会说方言，导致信息识别错误，出现理解偏差。

这个问题是在系统上线两个月后被发现的。针对这部分说方言的群体，薛兰青和同事专门设计了模糊音适配功能，并不断迭代，尽可能提高AI智能客服理解方言的能力。他们的努力也起到了立竿见影的效果。

在分析案例时，他们还发现，老年人在遭遇诈骗时，往往比年轻人陷得更深一些。在多数情况下，系统只需要问几个问题，年轻人就能明白自己遭遇了诈骗案件。但对老年人，系统常常需要多问一些问题，问得更细致一些。为此，薛兰青与同事又设计了“追问”功能，当用户的表达不是很清晰时，系统会识别并给用户打上一个标签，能够自动根据用户的回答追问问题，让用户将自己情况表述得更清晰。

例如在买东西受骗这个老年群体常遭遇的诈骗场景中，系统问用户在做什么，用户可能会回答“在买东西”，系统则会追问，具体买了什么、在哪里买的、什么人让他买的等。

但是，“道高一尺，魔高一丈”，反诈AI也会遭遇使用AI技术的诈骗犯。现在，越来越多的骗子使用AIGC（人工智能生成内容）换脸、换音，假装老年人的亲友，用非常逼真的方式进行诈骗，很多对新技术不够了解的老年人因此上当。薛兰青经常与父母交流最新的诈骗方式，但即使是他们，在看到AI换脸技术后，也感到非常震惊，一度不相信有这种事情。直到薛兰青给父母看了真实的视频，他们才接受。

相比过去主要依靠文字信息进行诈骗，这样的骗术更难被识别，也更难进行针对性应对，这是薛兰青和同事最近试图攻克的难关。

此外，骗子也懂得心理学，利用人们想投资赚钱、贪小便宜的心理，或是当面进行无微不至的照料，利用老年人子女不在身边、希望排解孤独感的心理，推销昂贵的“保健品”，这类“古典”的诈骗方式至今仍然很活跃。在薛兰青看来，这还是需要社会以及老年人的子女给予老年人更多关心，解决他们的心理需求。

薛兰青加入的蓝马甲行动项目组也有其他与老年人相关的活动，例如教老年人使用智能手机。随着时代发展，互联网与智能手机渗透到了每个人的生活中，但老年人往往是被抛下的群体——他们学习速度慢。有的老年人不敢用智能手机，怕用坏了，很多年轻人也没有时间和耐心去教他们。在志愿者们的帮助下，很多老年人学会了使用微信、用手机网购和使用支付宝。薛兰青说：“很多老人真的很开心，因为明显感到自己的生活变得便捷了。”

薛兰青印象很深，有一次，一位老人不小心触发了手机的儿童锁，导致整个界面都不一样了，一下子变得焦急而茫然。志愿者花几分钟就解决了，老人马上喜笑颜开，说还以为手机坏了，又要花一笔钱重新买手机。

蓝马甲志愿者还会去图书馆、老年社区教老年人数字技术和防诈骗的新知识。薛兰青感觉到，老年人其实也很想学习新东西，但他们缺乏学习的途径。

用技术降低门槛

顶尖“大厂”、技术骨干、研究AI……对薛兰青来说，这些标签带来光环，都没有做自己热爱的事情、做公益、服务社会带给自己的满足感强。

事实上，她起初并没有打算学习计算机专业。在高考填报志愿时，薛兰青本想报考物理学或传感器相关的专业，结果被录取到武汉大学后，她才发现自己填报的物联网工程专业实际是计算机学院的专业之一。

在大一的时候，她甚至考虑过转专业去物理系，但未能成功。在上课的过程中，薛兰青被一门VR（虚拟现实）相关的课程点燃了对本专业的热爱。在那门课上，她独立做了一个3D（三维）游戏，玩法是在城堡里拯救大熊猫。那门课，她得到了97分。她逐渐感受到计算机专业的魅力：自己从无到有创造一个东西，还能学到新奇的东西。薛兰青说：“那差不多是一个转折点，我开始觉得计算机专业的相关内容也挺有意思、挺好玩的，并且能给我很高的成就感和价值感。”

后来，她跟着导师做科研，在2014年接触到了人工智能。彼时，现在广泛应用于大模型、无人驾驶等领域的深度学习、神经网络等AI细分方向正快速发展，薛兰青也感到做这个领域的基础研究和探索很有趣，于是一路读到博士，并在2021年加入了蚂蚁集团。

薛兰青一直记得自己在攻读博士阶段的一个课题，利用AI生成中文说唱歌词。这在当时还是一件比较困难的事情，因为中文说唱歌词不仅需要通顺、有艺术上的美感，还需要兼顾节奏感和押韵。她也没想到，当时积累的经验会在这份工作中得到应用，她得以让AI更高效地生成提醒用户诈骗风险的内容。

“这不仅给我带来了创造的乐趣，更让我觉得我在给他人带来了一些美好的改变。这种价值感让我很受鼓舞。”薛兰青说。她希望能利用自己在AI方面的知识，将原本复杂的事情简单化，降低门槛，让不懂技术的人也能轻松享受技术带来的便利性。

作为一名少有的女性程序员，薛兰青没有感觉自己因为性别而被贴上标签或区别对待。她喜欢互联网公司平等的氛围。她将在蚂蚁集团实习时认识的师姐视作榜样，因为师姐不仅工作做得很出色，生活也过得丰富多彩。她一直爱好摄影，希望自己未来能平衡好工作和生活，在空闲时多拍拍照，拥有一个自己的摄影工作室。

作为员工，薛兰青除了要完成KPI（关键绩效指标），还要遵循公司的一个重要理念：服务社会。她所在的团队就叫“安全生态与社会责任”团队。她认可科技向善的理念，除了反诈骗，他们团队还会做一些和反赌博、反洗钱相关的工作。

即使没有做这份工作，这也是薛兰青的人生愿景：坚持做有价值的事情，给更多人带去美好的改变。

七 “95后”小伙子、一辆大篷车和一个“后援团”

“我们不仅帮助老人跨越数字鸿沟，更搭建了帮助老人摆脱孤独感的桥梁。”

周皓杰把文档里的这句话标红了。团队里“00后”的这句心声，让他既熨帖又欣慰。这是他们跟随那辆蓝色的大篷车在安徽、上海两地做完助老志愿服务后的活动总结。

从2023年5月初开始，这辆大篷车从上海出发，行程数千里，沿着长江，走进安徽、江西等六省市的村庄和社区。倪江南和志愿者们通过智能手机课堂和寓教于乐的“反诈集市”，手把手地教老人们如何识破诈骗骗局以及怎么使用智能手机。

在和老年人交往的过程中，这些年轻的同事变了，周皓杰心里想。他自己，一个1998年出生的杭州小伙子，也是在参与蓝马甲行动的助老志愿服务工作的两年多时间里“长大了”。

“大篷车”在前行：从现实中进化的需求

2021年，周皓杰穿上了“蓝马甲”。当时，他还没大学毕业。这一年是他所在的公益机构“杭州创想社会组织服务中心”和蓝马甲行动合作的第二年。

起先，在穿着蓝马甲的志愿者们深入社区从事公益活动时，一位社区党委书记提议，诈骗案件时有发生，社区机构也陆续接到求助电话，志愿者或许可以换一种思路，提供“老年人更需要的防诈骗知识”。

“2020年9月，蓝马甲行动就开始助老服务，聚焦老年人活动的多样性和丰富性。这也是响应国家‘三社联动’政策，一起探索基层社会治理创新的尝试。”周皓杰介绍。后来，也是来自社区“挖掘深层次的需求”的建议，让数字化助老成了蓝马甲行动志愿服务的一个重要方面——当智能手机越发普及后，老人们想学习数字化技能的呼声越来越密集。

即使吸引了很多年轻的“新杭州人”，以“老杭州人”为主的杭州，老龄化程度依然不低。子女在这座城市但不与老人同住的情况普遍存在，老人独居的情况非常普遍。

在老城区，也许某条老街道的一幢老房子里就住着一位独居的老人。一些典型的老城区慢慢变成了缺乏年轻人的“中空地带”，大量老人聚居，这更凸显了助老社会组织的价值。本身就是杭州人的周皓杰天然地令老人们信任，沟通也更顺畅。他的志愿服务工作很快就步入正轨了。

周皓杰说：“老年人其实很渴望接触数字生活。”在走进杭州的社区服务老年人后，周皓杰发现，老人们迫切需要掌握和生活息息相关的实用的、普惠的智能手机使用技巧，比如刷码坐公交车、使用电子医保凭证、查看养老金，以及用微信添加或删除好友。

在满足了这一类需求后，他们对智能手机的个性化需求开始出现。“他们其实非常想展现自我。”周皓杰说。一些想追赶潮流的老年人，常常要求志愿者教他们用美图秀秀APP拼贴生活照片和用剪映APP剪视频，“其实老年人也想追求丰富的精神世界”。

“如果比同伴先学会了某些手机使用技巧，老人就比较骄傲，因为这样可以向其他人炫耀”。在“手机课堂”上，志愿者们常见这一类“老同学”。他们喜欢向其他人分享自己拍的视频和合成的照片，还故意询问：“你看这个照片合成得怎么样？”“这个视频剪得怎么样？”在同伴的夸赞声中，老年人可以获得成就感和自我实现感。

老年人多数都很“孩子气”，爱比赛，“甚至连蚂蚁森林里的能量和微信步数都会攀比”。在他们自己的小圈子里，比如跳广场舞的一群人里，如果有一位阿姨新买了手机，学会了“刷抖音”或者网购演出服，就会刺激其他阿姨尝试的欲望。即使是一支领舞的喇叭，也能被老年人用来炫耀。周皓杰说：“他们炫耀自己会用手机网购，而且有这个喇叭。”

“老年人会用自己的方式对新事物进行探索。”走过了很多社区后，周皓杰发现，其实很多老年人对此都有需求。但子女不在身边，社区的工作人员没有足够的时间分给众多老人，"老人不知道该向谁求助"。2021年，中国人民大学老年人数字适应力研究团队联合支付宝发布的《老年人数字适应力调研报告》显示，使用智能手机的老年人不断增加，他们想学习智能手机使用技巧，但往往没有人一对一耐心指导他们，有近七成老人用智能手机全靠自学，超四成老人仅会使用通话、看新闻等基础功能。

周皓杰直观地发现，从2021年到2023年，社区里的老年人对智能手机的态度有了明显变化。头两年，他们费力推广，老年人往往只是认为"智能手机好像确实有点用"。但现在，在社区开展

▶ 身穿蓝马甲的周皓杰

活动时，他们表现出了更积极的求教意愿，还有人会来拿出智能手机“显摆”，说：“医保电子凭证，我都会用嘞。”

“城里的一些叔叔阿姨，可能本身就是高级知识分子。当接触新事物时，他们先会以一种高高在上的姿态说自己并不需要，或者有排斥心理。”周皓杰说。但当志愿者耐心讲解使用智能手机的技巧，他们发现智能手机的用处真的很大后，他们的态度就会发生很大转变。

“帮老人跨过数字鸿沟的过程，刚开始时可能比较困难，但是越到后面，就变得越来越容易，越来越深入人心。”现在走进社区，周皓杰经常可以看到老年人戴着老花镜，点击手机屏幕。智能手机真的融入了老年人的生活之中，成了他们平时消遣的工具。在“羊了个羊”游戏火爆时，也有叔叔阿姨在玩这款游戏。一些叔叔阿姨“刷”短视频比周皓杰还溜，他们还向周皓杰传授获取流量的技巧。

周皓杰说：“这两三年，确实是一个从量变到质变的过程。”来自其他社会组织的回声，也印证了这一点。当蓝马甲行动规模化后，一些欠发达地区比如内蒙古、黑龙江和宁夏一些县市的社区，在和他们合作后来询问是否有更多活动可以落地。甚至有社会组织从2023年2月到8月，一直和周皓杰联系，问是否可以合作开展落地活动。

这些回声让周皓杰所在的项目组思考，在回应了大城市社区老年人的真实需求后，如何满足欠发达地区和农村的老人的需求呢？“蓝马甲大篷车”因此运转起来了，它从上海出发，溯长江而上，去触达更多的老人。

一辆大篷车，跨越鸿沟

跟随着大篷车，周皓杰这个从小生长在杭州的年轻人看到了很多真实的社会切面。

在那些偏远的乡村大地上，数字鸿沟仍然横亘着。大篷车每驶入一个村庄，志愿者们都会在课前做初筛，让使用智能手机的老人们举手。周皓杰说："通过这样一个简单的调查，我们非常直观地发现，在一些农村地区，滞后的情况是我们无法想象的。"一些农村老人甚至连"小灵通"都没有，他们还在依赖固定电话联络沟通。

在上海奉贤的村庄里，村民的生活也和其他地方的农村差别不大。周皓杰说："这里跟我印象里的上海完全是两个样子。"当时是6月初，天气闷热，上完课后，所有人都口干舌燥。水果店的老板切了个大西瓜，分享给他们。老板60多岁，和老伴每天起早贪黑卖瓜果。重庆东部的乡镇仍然很陈旧，像20世纪八九十年代村庄的样貌。但乡亲们都很友善，排队领物料，井然有序。"那种由内而外表现出的敬意，可能通过一个非常小的动作就会表现出来。虽然那只是非常小的动作，但让志愿者们深感震撼。"周皓杰说。

在"板凳课堂"上，周皓杰经常能感受到这种热情。提前五六天发出预告后，很多老人积极参与，将课堂挤得满满当当。

“我们在做讲座的过程中，时常会有社区工作人员告诉我们哪些老人是‘活动钉子户’。但是，他们在日常生活中真的缺这一两场活动发放的一两个简单的物料吗？其实不是，他们主要是渴望和大家在一起热热闹闹，玩在一起。”

越是民风淳朴的偏远乡村，老人对活动的配合度、积极性就越高。因为他们配合度高，愿意分享，周皓杰就更容易察觉到，在城市社区讲授的内容对乡村的老人来说很遥远。

在老年人连“小灵通”都没有的地方，周皓杰特地改进了课件，加入更多关于评书机、算命、洗衣粉推销等农村常见的诈骗案例。“这样更贴近他们的生活，更接地气。”周皓杰说。

评书机骗局近年在乡村流行。造价低廉的评书机，在集市上随着鸡蛋或者米面免费发放，部分没见过“套路”的老人积极领取。它可以接收一些简单的评书内容，但使用不久后，新的频道出现了，是骗子录的广告语，譬如：“吃饭吃不好怎么办？腿脚不方便怎么办？我这里有仙丹妙药，就在某某中医馆。”这些广告反复播放，久而久之就形成“洗脑”效果，“等老年人路过菜市场旁的中医馆时，他们鬼使神差就走进去了”。

周皓杰说：“小小的大篷车的活动也能折射出发展不均衡的现状。”有一次，周皓杰来到安徽阜阳的一个偏远乡镇。在活动快结束的时候，一位80多岁的阿婆拽着志愿者的手，抹着眼泪哭诉。她说，邻居家一个“非常好的孩子”非常不幸，父母车祸去世，阿婆就把她当作亲女儿一样养。这个“孩子”现在也50多岁了，

▶ “蓝马甲大篷车”在农村公路上行驶

被骗了万把块，不知道该怎么办。阿婆越说越急，哭成了泪人儿。当地的月平均工资只有两三千块钱，两位老人都是低保户。对他们来说，被骗了一万元是一笔很大的损失。

看着一个满脸皱纹的老人为一位更“年轻”的老人着急，周皓杰心里很难受。回杭州后，他花了两三天，才从愁闷的情绪中缓和过来。

在层出不穷的骗局面前，老年人防不胜防。周皓杰发现，老年群体受骗有很明显的从众跟风的特点。在一个人面对骗局时，老年人还能保持清醒，提醒自己不该被骗，但当周围人都购买了某个“理财产品”时，老年人往往就会产生“大家都买了，那我买也没事”的心理。

一些老年人的受骗案件让周皓杰哭笑不得。他印象最深的是一个典型的“杀猪盘”骗局。在江苏南京一个社区的课堂上，一位50多岁气质出众的阿姨在课堂上主动举手分享。她说自己老伴早逝，她一直渴望有一段黄昏恋。后来，她被拉进了一个微信群，有人晒出了在群里找到对象领了结婚证的视频，她信以为真。群里有人的头像是一幅帅气的老年人的大头照，说自己是一位身居上海的离异男性，慢慢就和她搭上了线。

阿姨逐渐被骗子“套了进去”，在半年的时间里，她总共被骗了30多万元。在分享这件事情的时候，阿姨说：“我没有错，我只是追寻自己想要的爱情，错在骗子。”全场鼓掌给她鼓励。

周皓杰问她，被骗了30万元是否心疼。

阿姨回答，损失了30万元谁都会心疼，但要说出来，提醒其他人注意。

这让周皓杰很感动，他说：“这位阿姨非常勇敢，她站出来大声说出这件事，而不在意自己的面子。”周皓杰奖励了她蓝马甲行动的定制物料。

这让他更认可大篷车驶往各地的价值。“一个村庄、一个课堂、一个集市……这看似有些像蜻蜓点水，但在我看来，这个项目的意义非常深远。”周皓杰说。这或许就是找到了一个线头，激发老年人对于这方面的求知欲。“他们可能会反馈给政府相关部门，说这种活动非常有意义，那么政府对数字化助老、防诈骗知识普及的投入就会越来越大。”

小周的后援团

在各地的活动中，周皓杰已经感受到了这种“投入”产生的影响。

在村镇里，志愿者和老人之间经常存在语言障碍，需要社会组织网络和当地的公益机构支持。在民政部门征集志愿者的过程中，教师、警察等力量纷纷响应参与蓝马甲讲师团。有时，一些初中生、高中生路过“反诈集市”的现场，也会自发伸出援手，甚至提出跟着大篷车去下一站。

各地的社会组织有经验，又熟悉当地的风土人情，帮助蓝马甲行动深入百姓中，减少项目开展过程中的困难。有一次在重庆，因为地形限制，大篷车开不进集市的开阔地带。蓝马甲讲师团和当地的志愿者一起从大篷车上把成箱的东西搬了200多米，搬进了社区。还有的社区工作人员提前三四天频繁打电话，说场地已经安排好了，还找了多少位老年人来听课，问是否符合要求。

有一次，因为突发的路况原因，一场活动延迟了一个半小时。重庆的一位街道办事处副主任在现场维持秩序，还陪着蓝马甲讲师团搭建“反诈集市”，前前后后四个多小时，在炎热的夏天坚守在一线。“街道办事处副主任满头大汗在做事情，没有一点架子，这件事对我触动很大。”周皓杰说。在活动前一天，这位街道办事处副主任打了十多个电话与蓝马甲讲师团沟通活动安排。

周皓杰说：“这么多地方愿意支持我们，让我们觉得这项工作非常有意义，是普惠性的。”即使在准备杭州亚运会，杭州全城动员的时候，如果蓝马甲行动要去社区办活动，社区工作人员也会在通宵值班的百忙之中给予很多支持。“他们说考虑我们在做实事，所以给我们开绿灯。”周皓杰说。蓝马甲行动的实地活动仍然可以照常进行。

“整个项目就像一部精密的仪器。”社会组织、政府多方沟通，再动员社会各界参与，行程密集、饱满，这要求整个项目组像精密的仪器一样运转，多方推动，才能让蓝马甲行动走进更多社区。

更大的后援团是周皓杰的“老朋友”们。老年人既渴望被关怀，又乐于付出。周皓杰把自己做社区志愿者服务过的老人们拉进了一个群，这逐渐成了他的“后援团”。群里经常发出对他的召唤：“小周，今天来不来社区啊？”“小周，你的活动什么时候开始啊？”“小周，你组织活动了，我帮你叫了很多阿姨来参加活动。”有的阿姨跟他开玩笑，要把孙女介绍给他认识。

周皓杰说：“他们有这份心，让我非常有归属感。”有时因为加班，周皓杰很晚才下班，当他在社区里散步回家时，经常“左右逢源”。“这边一个李叔叔，那边一个王阿姨，都认识我，我感觉和回到家一样，那真的是一种无与伦比的、美妙的感觉”。

尤其是一位姓莫的阿姨，给周皓杰提供了很大的“情绪价值”。莫阿姨是一位天性乐观的退休阿姨，和爱人关系和睦。周皓杰刚踏上工作岗位时，处理很多事情的方法还比较稚嫩，经常从年轻人的视角去看待老年人的一些问题。

莫阿姨给了周皓杰很多帮助，向他传授跟老年人沟通的技巧：有时候要哄，有时候要强硬，用命令式的语气。她是一位敏感而细腻的长辈。周皓杰碰到感情问题了，脸色不太好，被莫阿姨看出来了。莫阿姨就会和他有一搭没一搭地聊天，让周皓杰舒缓心情。聊天时，莫阿姨帮周皓杰梳理了很多情感问题，理顺了和父母、朋友的情感纠葛。

莫阿姨和周皓杰结成了忘年交，她又把自己的老姐妹小团体里的伙伴介绍给周皓杰。阿姨们都很照顾这个年轻人，家里做了月饼、下了面条，就会拿到周皓杰的办公室里，分享给他和他的同事。

"我的爷爷奶奶走得比较早，所以我跟这些叔叔阿姨沟通就感觉像跟自己家里的老人沟通一样。我们简简单单一两个小时陪伴，可能会让他们在未来三四天都保持开心的状态，这让我非常有成就感。"有时，周皓杰也想偷懒"撒撒娇"，他会在"后援团"群里问："哪位阿姨家里烧饭烧多了？我来蹭点饭。"阿姨们会热情地招呼他："赶快来，赶快来。"

莫阿姨的儿子在上海工作，平时回家次数少。有时，莫阿姨对周皓杰说："我都可以叫你小儿子了。"碰到好玩儿的事情，周皓杰也喜欢分享给叔叔阿姨们。他和叔叔阿姨们互相惦记。在和他们打成一片后，周皓杰开展的每场社区活动都像是一个大型忘年交聚会现场。

莫阿姨是杭州上城区歌剧队原队长，有一副好嗓子。因为觉得周皓杰有天赋，她经常教他唱歌，还会向他传授以前管理团队的经验，教他怎么在工作中更好地处理情绪。

“他们不光是我的服务对象，更可谓亦师亦友。”老人们传递的人生经验让周皓杰更深刻地理解了社会工作的本质，“它是一种人与人之间的精神交流”。这种正向情感，让周皓杰对助老这项事业有了更高的认同感，“最后演变成一种成就感”。

周皓杰觉得自己成长了很多。以前，他年轻气盛，在跟父母沟通不耐烦时，常会在言语上冲撞父母，也会为自己任性的行为找借口。和“老朋友”交往帮他把这些棱角磨平了，也教会了他把生活中遭遇的窝心事儿和负面情绪一点点消化掉，向自己身边的人展现出更成熟、更稳定的一面。

他把和父母争吵的事情告诉莫阿姨。莫阿姨帮他分析：“如果他们不在乎你，为什么要这么着急，以这样的语气跟你讲话。你换一种角度想这个问题，自然而然就能理解他们了。”现在，周皓杰可以更好地理解自己的父母，每周都会抽时间和他们视频通话，对他们也更有耐心了。周皓杰说：“我现在更理解老年人的一些孤独时刻。”

受他的影响，“后援团”里的叔叔阿姨也参与了助老志愿活动。他们有时开玩笑，周皓杰是导演，叔叔阿姨们是演员，一起给线下活动壮声势，吸引更多老人参与活动。

杭州亚运会来了，社区里的叔叔阿姨们自发组成了一个志愿服务队，每天跟着周皓杰举着牌子在街道巡查，搜索私拉电线充电动自行车等不文明的行为。老人们还出谋划策，组织棋类活动，丰富社区里的体育竞技氛围。周皓杰说：“这种活动让我跟老人们有了更强的纽带，相当于有了一种正向循环。”

蓝马甲行动联合杭州市西湖区委宣传部文明办，成立了一支“西湖阿姐”志愿队服务亚运会。一位住在杭州良渚的阿姨，为了贡献力量，每天来回花两个小时坐地铁到西湖区参加志愿服务。

这两三年的助老志愿活动让周皓杰结识了很多同行。在他看来，随着老龄化社会来临，助老服务将成为一个朝阳行业。周皓杰和伙伴们一起，通过各自的工作，形成集群效应，“让助老服务更加规模化、标准化、成熟化”。当这些先行的探索形成规模效应，就能引导政府的一些公共政策，更好地聚焦于老年人生活当中出现的真实存在的不便情况，“让问题更聚焦，更容易被看到”。

大篷车每走过一个地方，周皓杰和团队成员都会将活动中碰到的问题总结、复盘，“从行动慢慢转变为思考，在纷繁复杂的工作中梳理出条理”。团队里的一位“00后”，以前是急性子，遇事经常不耐烦，在跟随大篷车前行几个月后，“明显有一种长大了的感觉”。一开始，他跟老人交流很费劲。后来，他逐渐慢下来，用老年人的方式和他们对话，“逻辑性、条理性也逐渐增强了”。

这是“老朋友”对于这群年轻人的馈赠。对于周皓杰来说，自己这两年最大的变化，“是已经开始憧憬老年生活了”。

蓝马甲公益小报

深圳蓝马甲防骗展中的“当”案馆

“蓝马甲大篷车”渡过长江

蓝马甲志愿者与老人欢乐互动

来自上海老年大学的蓝马甲行动“银发宣讲团”在讲解未来养老科技

“蓝马甲大篷车”在湖北山间行驶

图书馆内的智能手机小课堂

“摇滚奶奶”董云蓉在传递杭州亚运会火炬

老人设计的反诈主题肥皂

安徽蓝马甲助老防骗骑行团

湖北恩施的“反诈集市”

蓝马甲“北京大妈巡讲团”

关于“蓝马甲”

“蓝马甲行动”是由国家反诈中心、国家卫生健康委老龄健康司、工业和信息化部反诈中心指导，由蚂蚁集团、浙江蚂蚁公益基金会发起，社会各界共同参与的公益行动，主要通过社区讲座、公益展览、大篷车下乡等方式，帮助老人解决“不敢用、不会用”智能手机的难题，助力弥合数字鸿沟，宣传防诈骗知识，普及医疗健康常识，让老人乐享数字生活。

蓝马甲行动以“手机不会用，安全防诈骗，就找‘蓝马甲’”为口号，开展三年以来，已走进 100 多个城市，覆盖 25 个省级行政区，举办近 5 万场次活动，4 万多名志愿者线下“面对面”服务老人超过 135 万人次，共同搭建起一个“人服务人”的数字助老服务体系与平台。

蓝马甲行动先后获得第六届中国青年志愿服务项目大赛银奖、第十九届中国慈善榜“年度慈善项目”等荣誉，入选浙江农村文化礼堂赋能共同富裕引领计划首批项目名单，被人民日报、新华社、中央广播电视总台、中央电视台、中国新闻社、国际在线等十余家中央媒体和上海、深圳等十多个省市近百家媒体报道。中央电视台《经济半小时》做过相关专题报道。

关于浙江蚂蚁公益基金会

浙江蚂蚁公益基金会（简称蚂蚁公益基金会，英文名为 Ant Foundation）是由蚂蚁科技集团股份有限公司发起的非公募基金会，于 2019 年 4 月在浙江省民政厅正式注册成立，2021 年在浙江省社会组织评估中被评为 5A 级社会组织。浙江蚂蚁公益基金会的重点关注方向包括数字普惠与包容、乡村振兴、应急救灾、社区发展、探索与创新。

浙江蚂蚁公益基金会将“推动技术创新解决社会问题，为世界带来更多普惠和发展机会”作为使命，坚持以“为世界带来微小而美好的改变”为愿景。截至 2022 年底，浙江蚂蚁公益基金会已在 32 个省级行政区落地公益项目，累计捐赠金额 8.02 亿元。

法律声明